Zentralstelle für Testtraining der GCA mbH (Hrsg.)

Thomas Hess

Der Test für medizinische Studiengänge

Vertiefungstraining "Medizinisch-naturwissenschaftliches Grundverständnis" und "Textverständnis"

GCA-Verlag
GCA mbH · Waabs

Bibliografische Information Der Deutschen Nationalbibliothek

Die Deutsche Nationalbibliothek verzeichnet diese Publikation in der Deutschen Nationalbibliografie; detaillierte bibliografische Daten sind im Internet über http://dnb.d-nb.de abrufbar.

Alle in diesem Buch aufgeführten medizinischen Zusammenhänge dienen Übungszwecken. An bestimmten Stellen sind daher Vereinfachungen komplexerer Sachverhalte vorgenommen worden. Der Autor hat große Mühe darauf verwendet, mit sachlich richtigen Informationen zu arbeiten. Sie müssen jedoch trotzdem nicht in jedem Fall der Realität entsprechen. Das gilt auch für alle in diesem Buch genannten Medikamente, deren Dosierungen und Nebenwirkungen. Ansprüche gleich welcher Art können aus diesen Informationen nicht abgeleitet werden.

1. Auflage Juli 1993

Nachdruck der 1. Auflage Februar 2012

GCA-Verlag der GCA mbH, Brunoslust 44, D 24369 Waabs
Telefon 04352/911464 - Telefax 04352/911532
Internet: www.gca-verlag.de - eMail: info@gca-verlag.de

ISBN 3 928973 04 5
ISBN(13)978 3 928973 04 5

Vorwort

Der Test für medizinische Studiengänge (TMS) hat die Zielsetzung, an einem einzigen Tag durch einige spezielle Tests umfangreiche, charakteristische Fähigkeiten der Studienanwärter zu ermitteln. Ob diese Ermittlung langfristig angelegter Begabungen vollständig erreicht wird, stellt sich zum Teil durch die Tatsache in Frage, daß sich eine relativ kurzfristige, gezielte Vorbereitung auf die Eigenarten des TMS deutlich ergebnisverbessernd auswirkt. Augenfällig ist aber, daß auch das Erkennen der Wichtigkeit bevorstehender, entscheidender Leistungen, die erbracht werden müssen, wie z.B. das Ablegen des TMS, und die konsequente und wohlkoordinierte Vorbereitung, eine Fähigkeit darstellt, die für das Medizinstudium und die spätere Tätigkeit als Arzt von großer Bedeutung ist. So behält der TMS in jedem Falle eine deutliche Aussagekraft. Die Thematik, wie intensiv und mit welchen Methoden man sich am besten auf den TMS vorbereiten kann, habe ich in dem Buch: "Der Test für medizinische Studiengänge - Erfolg durch systematische Bearbeitungsmethoden" behandelt.
Nachdem ich 1991 den Entschluß faßte, Medizin zu studieren, widmete ich mich sehr intensiv der TMS-Vorbereitung. Eine Erfahrung dieser Zeit, in der ich eine Menge junger Leute mit demselben Studienwunsch kennenlernte war, daß sich viele mit recht wenig Engagement und ziemlich unkoordiniert auf den Test vorbereiteten. Einen Hauptgrund sehe ich darin, daß die Bedeutung des TMS für die Zulassung zum erwünschten Studium und damit für die ganze berufliche Zukunft weitgehend unterschätzt wird.
Seit 1992 führe ich Testtrainingsseminare für die Zentralstelle für Testtraining der GCAmbH durch. Während dieser Seminare wurde ich immer wieder auf Übungsmaterialien zu den Untertests "Medizinisch-naturwissenschaftliches Grundverständnis" und "Textverständnis" angesprochen. Dank der Anregungen vieler Seminarteilnehmer zu einer möglichen Konzeption dieses Buches und zu Inhalten und Schwerpunkten konnte dieses Vertiefungstrainingbuch entstehen.
Dieses Buch gliedert sich in die Reihe der Vertiefungstrainingbücher zum TMS des GCA-Verlages ein, indem hier, wie auch bei allen anderen Büchern dieser Reihe, zu jeder Aufgabe ein Lösungsweg dargestellt wird, der den Trainierenden zu der richtigen Lösung führt. Auf Anregung vieler Seminarteilnehmer habe ich dieses in didaktischer Hinsicht sehr sinnvolle Konzept übernommen.

Mein besondere Dank gilt dem Team der Zentralstelle für Testtraining (ZfTT) der GCAmbH, das mir bei der Erstellung dieses Buches hilfreich durch konstruktive Zusammenarbeit zur Seite gestanden hat. So konnten wertvolle Informationen von vielen TMS-Absolventen gesammelt werden und damit Einfluß auf den Charakter dieses Buches nehmen.
Allen TMS-Absolventen, die Anregungen und Hinweise zur Gestaltung dieses Buches gegeben haben, bin ich daher ebenfalls zu Dank verpflichtet.
Insbesondere bedanken möchte ich mich an dieser Stelle auch bei meiner Frau Karin, die zur Entstehung des Buches ebenfalls in vieler Hinsicht beigetragen hat.

Tübingen, im Juli 1993 — Thomas Hess

Inhaltsverzeichnis

Einleitung

Die hier behandelten Untertests "Medizinisch-naturwissenschaftliches Grundverständnis" und "Textverständnis" dienen zur Beurteilung einer generell und besonders im Medizinstudium wichtigen Fähigkeit, nämlich dem sicheren Erfassen und Verstehen von informationsreichen Texten unbekannter Thematik. Die Aufgaben sind in Multiple-choice-Form so gestellt, daß aus 5 angebotenen Lösungen die richtige ermittelt werden muß. Während bei dem Untertest "Medizinisch-naturwissenschaftliches Grundverständnis" jede Aufgabe in einem kurzen Text ein eigenes Thema behandelt, beziehen sich im Untertest "Textverständnis" jeweils 6 Aufgaben auf einen vorausgehenden längeren Text. Bei der TMS-Abnahme hat man für je 24 Aufgaben dieser Untertests eine Stunde Zeit. Es verbleiben pro Aufgabe also 2,5 Minuten. Die Bearbeitungsgeschwindigkeit sollte man dieser knappen Zeitvorgabe entsprechend schon beim Training forcieren.

Im ersten Kapitel des Buches finden sich die Aufgaben und Lösungen zum Untertest "Medizinisch-naturwissenschaftliches Grundverständnis". Um die Lösungen bequem zu überprüfen, stehen dabei jeweils auf den linken Seiten des aufgeschlagenen Buches die Aufgaben, auf den rechten Seiten gegenüber die erläuterten Lösungen. Es ist bei der Bearbeitung zu empfehlen, die rechte Seite mit einem Blatt zu bedecken und erst nach Bearbeiten einer oder mehrerer Aufgaben die Lösung zu überprüfen. Nur so ist der Lerneffekt optimal!

Im zweiten Kapitel sind zunächst alle Aufgaben zu je einem Text des Untertest "Textverständnis" abgedruckt. Die Lösungen folgen anschließend an die Aufgaben zu dem entsprechenden Text, da ihre Einfügung zwischen die zusammengehörigen Aufgaben nicht sinnvoll gewesen wäre.

Kapitel 1
Medizinisch-naturwissenschaftliches Grundverständnis

(Aufgaben 1-52)

Einleitung

Bei der TMS-Abnahme ist der Untertest "Medizinisch-naturwissenschaftliches Grundverständnis" der zweite von neun Untertests. Er besteht aus 24 Aufgaben. Jede Aufgabe beginnt mit einem kurzen Text von 50 bis 130 Wörtern, in dem ein meist sehr spezieller medizinischer oder biologischer Zusammenhang dargestellt wird. Dem Text folgt eine Fragestellung, die sich ausschließlich auf den Textinhalt bezieht und allein durch die im Text gelieferten Informationen beantwortet werden kann. Vorwissen ist also prinzipiell nicht erforderlich. Wer vom Biologieleistungskurs schon Wissen mitbringt oder vor dem Test viel Zeit hat um sich etwas einzulesen, hat natürlich trotzdem gewisse Vorteile. Beim Üben von genügend vielen Aufgaben wird sich aber ein kleines nützliches Grundwissen von ganz alleine einstellen.
Zu jeder Fragestellung werden mehrere Antwortmöglichkeiten angeboten, die dann auf ihre Richtigkeit hin untersucht und bewertet werden müssen.
Von den fünf möglichen Lösungen (A) bis (E) ist nur eine richtig. Darum kann die Lösung im Zweifelsfall auch durch das Ausschlußverfahren ermittelt werden. Dabei werden zuerst die als falsch erkannten Lösungen weggestrichen, um dann die verbleibende anzustreichen.
Dieses Aufgabengrundmuster variiert insofern, daß zum Teil auch nach der einzigen dem Text widersprechenden Antwort gesucht werden muß. Eine weitere Variation stellen eine Art Kombinationsaufgaben dar, bei denen auf die Frage zunächst drei oder vier römisch numerierte Antwortmöglichkeiten angeboten werden. Die Lösungen (A) bis (E), von denen auch hier immer nur eine richtig ist, beinhalten dann Bewertungsaussagen, die sich auf diese Antwortmöglichkeiten I. bis III. oder I. bis IV. beziehen, z.B.:

(A) Nur Aussage I trifft zu.
(B) Nur die Aussagen II und III treffen zu.
(C) Nur die Aussagen I bis III treffen zu.
(D) Nur die Aussagen III und IV treffen zu.
(E) Alle Aussagen treffen zu.

Ein Vorteil bei der Bearbeitung dieser Kombinationsaufgaben liegt darin, daß nur drei oder vier sich auf den Text beziehende Aussagen bewertet werden müssen.
Es ergibt sich jedoch auch eine gewisse Schwierigkeit. Bei den nicht kombinierten Aufgaben genügt das Auffinden <u>einer</u> Lösung, die als sicher richtig erkannt wird. Die übrigen Lösungsangebote müssen dann falsch sein und können bei großem Zeitdruck sogar unkontrolliert bleiben. Bei den Kombinationsaufgaben ist dies nicht möglich, da mehrere oder gar alle Lösungen richtig sein können.

Zur Vorgehensweise:

Unter beliebiger Zeitvorgabe würden von den meisten Teilnehmern vermutlich nahezu alle Aufgaben richtig gelöst werden. Die Zeitvorgabe von einer Stunde für die 24 Aufgaben bzw. zweieinhalb Minuten pro Aufgabe erfordert jedoch ein sehr forciertes Vorgehen.
Um möglichst wenig Zeit zu verschenken, sollte man sich beim Üben eine systematische Vorgehensweise aneignen.
Bereits beim ersten Lesen des Textes müssen die wichtigsten Zusammenhänge unterstrichen werden. Auch in Klammern gesetzte Fremdworte sollte man anstreichen, da darauf in der Frage des öfteren Bezug genommen wird. Ziel des ersten Lesens des Textes braucht aber nicht das vollständige Erfassen des Inhalts zu sein. Dies wäre der Idealfall, dürfte jedoch bei unbekannten, oft komplizierten Darstellungen selten möglich sein. Sinnvoll und ausreichend ist es, den Text visuell zu erfassen, d.h. außer grob zu wissen, um was es geht, sollte man nach dem ersten Lesen recht genau im Kopf haben, wo was steht. So ist es beim Kontrollieren der angebotenen Lösungen möglich, sofort die betreffende Stelle im Text zu finden. Durch das Durcharbeiten vieler Übungsaufgaben wird dieser Ablauf immer reibungsloser funktionieren.
Lösungssätze, die bewertet wurden, sollten anschließend vor der römischen Zahl bzw. dem Buchstaben (A) bis (E) deutlich mit einem "+" oder "r" für "richtig" oder einem "-" oder "f" für "falsch" markiert werden. Dies bringt Ordnung in den Ablauf und verhindert, daß ein Satz z.B. bei zunächst zurückgestellten Aufgaben unter Zeitverlust nochmals überprüft werden muß. Sinnvoll ist es auch bei einem Lösungsvorschlag, der nur mit einer gewissen Unsicherheit als "richtig" oder "falsch" beurteilt wird, das entsprechende Zeichen etwas abgerückt oder in Klammern zu setzen. So kann nach Bewertung aller Lösungsvorschläge doch der wahrscheinlichste angestrichen werden.
Bei manchen Aufgaben ist es nützlich, eine kleine Skizze anzufertigen. Dies gilt besonders für Beschreibungen von Nerven- oder Gefäßverläufen oder bei der Darstellung von theoretischen Systemen, die bestimmte Krankheiten oder Organfunktionen einteilen und unterteilen. Da solche Skizzen zeitaufwendig sind, sollten sie nicht grundsätzlich, sondern nur wo sie nötig sind, gemacht werden.
Werden Aufgaben als sehr schwer erkannt oder kommt man in angemessener Dauer einfach zu keinem Ergebnis, sollte die Bearbeitung rechtzeitig unterbrochen und die nächste Aufgabe in Angriff genommen werden. Sonst verliert man wertvolle Zeit, in der man unter Umständen mehrere andere Aufgaben hätte lösen können. Die Problemaufgaben können mit einem großen Fragezeichen markiert werden und so am Ende, wenn noch Zeit da ist, weiterbearbeitet werden. Trainingsziel muß es sein, bei angemessener Sorgfalt durch alle 24 Aufgaben durchzukommen.
Am Ende der Bearbeitungszeit sollte man auch bei unklaren Aufgaben eine Lösung anstreichen, da Aufgaben ohne Lösung immer als "falsch" bewertet werden und es keinen Punktabzug für falsch angestrichene Aufgaben gibt. Hat man dann wenigstens einen Teil der Lösungsvorschläge bewertet, so ist das Treffen der richtigen Lösung gegenüber purem Raten doch immerhin erhöht. Da bei der TMS-Abnahme nach der einen Stunde Bearbeitungszeit die Aufgaben nicht mehr eingesehen werden dürfen, sollte man dieses abschließende Ankreuzen der Problemaufgaben rechtzeitig vornehmen.
Es empfiehlt sich grundsätzlich die Zeit anhand einer eigenen Uhr im Auge zu behalten, da das Zeitgefühl in der Prüfungssituation oft völlig verloren geht.

Im Original-TMS wird folgender Einleitungstext gegeben:

Med.-naturwiss. Grundverständnis **Bearbeitungszeit für 24 Aufgaben: 60 Minuten**

Die folgenden Aufgaben prüfen das Verständnis für Fragen der Medizin und der Naturwissenschaften.
Markieren Sie auf Ihrem Antwortbogen für jede Aufgabe die richtige Antwort.

Der Einleitungstext wird in diesem Buch anschließend nicht mehr wiederholt.

1) Die Bauchwand besteht aus platten Muskeln und flächenhaft ausgebreiteten Sehnen (Aponeurosen). Diese bilden zusammen einen Mantel, der an den Rippen, der Lendenwirbelsäule und dem Becken befestigt ist. Den vorderen Teil der Bauchwand bildet der Musculus rectus abdominis, der von der 5. bis 7. Rippe ausgehend bis zum Schambein verläuft und durch 3 bis 4 sehnige Querstreifen (Intersectiones tendineae) unterteilt ist. Die seitlichen Bauchmuskeln sind in drei aufeinanderliegenden Schichten angeordnet. Außen zieht der Musculus obliquus externus abdominis schräg abwärts. Unmittelbar darunter befindet sich der Musculus obliquus internus abdominis und an innerster Stelle liegt der Musculus transversus abdominis. Von den beiden letzteren spalten sich Fasern ab, die beim Mann als Musculus cremaster den Samenstrang umschließen.

Welche Aussage läßt sich aus dem Text nicht ableiten?

(A) Die Bauchwand besteht zum Teil aus Sehnen.
(B) Der Musculus transversus abdominis ist ein platter Muskel.
(C) Der Samenstrang wird von abgespalteten Fasern des Musculus obliquus internus abdominis umschlossen.
(D) Die vorderen Bauchmuskeln sind in drei aufeinanderliegenden Schichten angeordnet.
(E) Der vordere Teil der Bauchwand wird durch die Intersectiones tendineae unterteilt.

2) Das für den Menschen sichtbare Licht besteht physikalisch betrachtet aus elektromagnetische Wellen mit einer Wellenlänge zwischen 400 und 800 nm (sichtbares Spektrum). Verschiedene Lichtfarben entstehen dadurch, daß bestimmte Wellenlängen vorherrschen, die unser Auge dann als Farben wahrnimmt. Zum Beispiel nehmen wir kurze Wellenlänge als blaues, lange Wellenlängen dagegen als rotes Licht wahr. Die Farbe des arteriellen Blutes ist dadurch bedingt, daß das darin enthaltene, sauerstoffbeladene (oxigenierte) Hämoglobin den kurzwelligen Anteil, das heißt den Blauanteil des auftreffenden, sichtbaren Spektrums relativ stärker absorbiert (verschluckt) als den langwelligen Rotbereich. Der ins Auge reflektierte Lichtanteil erscheint uns darum rot. Das nicht oxigenierte Hämoglobin des venösen Blutes absorbiert Licht gegenüber dem oxigenierten Hämoglobin im langwelligen Spektralgebiet etwas stärker und im kurzwelligen Bereich etwas schwächer. Dadurch erscheint das Rot des venösen Blutes dunkler und etwas bläulich.

Welche der nachfolgenden Aussagen läßt bzw. lassen sich diesen Informationen zufolge ableiten?

I. Licht der Wellenlänge 300 nm erscheint dem Menschen blau.
II. Das nicht oxigenierte Hämoglobin absorbiert mehr langwelliges als kurzwelliges Licht.
III. Das nicht oxigenierte Hämoglobin reflektiert mehr langwelliges Licht als das oxigenierte Hämoglobin.

(A) Nur die Aussage I läßt sich ableiten.
(B) Nur die Aussage II läßt sich ableiten.
(C) Nur die Aussage III läßt sich ableiten.
(D) Nur die Aussagen II und III lassen sich ableiten.
(E) Keine der Aussagen läßt sich ableiten.

1) Lösung: (D).

(A) Richtig, und zwar nennt man die Sehnen der Bauchwand Aponeurosen.
(B) Richtig. Alle Muskeln der Bauchwand sind platt.
(C) Der umschließende Musculus cremaster besteht neben abgespalteten Fasern des Musculus transversus abdominis auch aus Fasern des Musculus obliquus internus abdominis.
(D) Falsch. Dies läßt sich nicht ableiten. Nur die seitlichen Bauchmuskeln werden als in drei Schichten angeordnet beschrieben.
(E) Richtig. Der vordere Teil der Bauchwand, gebildet vom Musculus rectus abdominis, wird durch die Intersectiones tendineae unterteilt.

2) Lösung: (E).

I. Falsch. Nur Licht des Wellenlängenbereichs 400 nm bis 800 nm werden vom Menschen überhaupt wahrgenommen, so daß ein Licht der Wellenlänge 300 nm völlig unsichtbar bleibt und nicht etwa blau erscheint.
II. Falsch. Lediglich <u>relativ</u> zum oxigenierten Hämoglobin absorbiert das nicht oxigenierte Hämoglobin mehr langwelliges als kurzwelliges Licht. Absolute Angaben werden im Text nicht gemacht.
III. Falsch. Das nicht oxigenierte Hämoglobin absorbiert mehr langwelliges Licht als das oxigenierte Hämoglobin, reflektiert also weniger davon.

3) Das Achsenskelett des Rumpfes ist die Wirbelsäule, die sich aus 33 bis 34 knöchernen Segmenten, den Wirbeln, aufbaut. Sie liegt auf den Rumpfquerschnitt bezogen dorsal (hinten liegend). Nach der Lage im Körper unterscheidet man von oben nach unten 7 Halswirbel, 12 Brustwirbel, 5 Lendenwirbel, 5 Kreuzwirbel und 4 bis 5 Steißwirbel, wobei die 5 Kreuzwirbel zu einem großen Knochen, dem Kreuzbein, verschmolzen sind. Hier wird die Last des Rumpfes auf das Becken übertragen. Im Grundaufbau ähneln sich die meisten Wirbel: Ventral (vorne liegend) ist der Wirbelkörper, ein zylindrisches, massives Knochenstück, das der Wirbelsäule ihre Festigkeit gibt. An den Wirbelkörper schließen sich hinten zwei Fortsätze an, die aufeinander zulaufen und sich verbinden, so daß sie mit dem Wirbelkörper zusammen einen Ring bilden. Bei den aufeinandersitzenden Wirbeln bilden die Löcher dieser Ringe den Wirbelkanal, durch den das Rückenmark verläuft.

Welche der folgenden Aussagen läßt sich aus diesen Informationen ableiten?

(A) Die Last des Rumpfes wird unterhalb der Lendenwirbel auf das Becken übertragen.
(B) Die meisten Wirbel sind Brustwirbel.
(C) Das Rückenmark verläuft innerhalb der festen Wirbelkörper.
(D) Im Rumpfquerschnitt betrachtet liegen die Wirbelkörper dorsal vom Wirbelkanal.
(E) Alle 33 bis 34 Segmente der Wirbelsäule sind einzelne Knochen.

4) Durch die Verbindung von mehreren Atomen entstehen Moleküle. In direktem Zusammenhang mit der Bindungsenergie, d.h. der Energie, die zum Aufbrechen einer Verbindung nötig ist, steht die Bindungslänge, d.h. der Abstand der verbundenen Atome. Bei den unten genannten Verbindungen nimmt die Bindungslänge bei zunehmender Bindungsenergie ab. Geht man jeweils von Einfachbindungen aus, so sind die Bindungslänge und die Bindungsenergie zweier bestimmter Atome, unabhängig innerhalb welchen Moleküls sie sich verbinden, annähernd konstant. Die Einfachbindungslänge von C zu H liegt zum Beispiel stets bei 0,107 nm, die von C zu O stets bei 0,143 nm. Bei Mehrfachbindungen nimmt die Bindungsenergie gegenüber einer Einfachbindung derselben Atome zu.

Welche Aussage ist diesen Informationen zufolge <u>falsch</u>?

(A) Eine C-H-Einfachbindung hat eine höhere Bindungsenergie als eine C-O-Einfachbindung.
(B) Eine C-O-Dreifachbindung hat eine höhere Bindungsenergie als eine C-O-Einfachbindung.
(C) Die C-H-Einfachbindungen haben in allen Molekülen, in denen sie vorkommen, ähnliche Bindungslängen.
(D) Die Bindungslänge einer C-O-Doppelbindung ist größer als 0,143 nm.
(E) Die Bindungsenergie und die Bindungslänge verhalten sich bei den oben genannten Verbindungen umgekehrt proportional zueinander.

3) Lösung: (A).

(A) Richtig, und zwar über das Kreuzbein, welches unterhalb der Lendenwirbel liegt.
(B) Falsch. 12 von 33 bis 34 Wirbel sind Brustwirbel, also nicht die meisten.
(C) Falsch. Es verläuft innerhalb des Wirbelkanals, der sich dorsal an die Wirbelkörper anschließt.
(D) Falsch. Bezogen auf den Rumpfquerschnitt liegt die gesamte Wirbelsäule zwar dorsal (hinten), bezogen auf den Wirbelkanal liegen die Wirbelkörper aber ventral (vorne).
(E) Falsch. Die 5 Kreuzwirbel sind zu einem Knochen, dem Kreuzbein, verschmolzen.

4) Lösung: (D).

(A) Richtig. Da die Bindungslänge von C-O größer ist als die von C-H und mit zunehmender Bindungslänge die Bindungsenergie abnimmt, ist die Aussage als richtig zu bewerten.
(B) Richtig. Bei Mehrfachbindungen nimmt die Bindungsenergie gegenüber Einfachbindungen derselben Atome zu.
(C) Richtig. Die Einfachbindungslänge zweier Atome ist unabhängig in welchen Atomen sie sich verbinden annähernd konstant.
(D) Falsch. Da bei Mehrfachbindungen die Bindungsenergie zunimmt, nimmt die Bindungslänge ab und muß demnach bei einer C-O Doppelbindung kleiner als 0,143 nm sein.
(E) Richtig. Da bei zunehmender Bindungsenergie die Bindungslänge abnimmt, kann auf eine umgekehrte Proportionalität geschlossen werden.

5) Beim menschlichen Fetus wird das Blut nicht wie beim Erwachsenen in den Lungen mit Sauerstoff angereichert, sondern in der Plazenta. Von da aus gelangt das Blut über die linke Nabelvene zum Feten. Ein Teil des Blutes umfließt dann die Leber durch den Ductus venosus und mündet in die untere Hohlvene. Der andere Teil fließt in die Leber, wo er sich mit dem Blut aus der Pfortader vermischt und aus der Leber ebenfalls in die untere Hohlvene weiterfließt. Das Verhältnis des die Leber umfließenden und des in die Leber fließenden Blutes wird über einen im Ductus venosus befindlichen Ringmuskel (Sphinkter) geregelt. Bei kontrahiertem (angespanntem) Sphinkter fließt dabei wenig Blut durch den Ductus venosus, bei unkontrahiertem Sphinkter viel.

Welche der nachfolgenden Aussagen läßt bzw. lassen sich aus diesen Informationen ableiten?

I. Entspannt sich der Sphinkter des Ductus venosus fließt dadurch weniger Blut durch die Leber.
II. Kontrahiert sich beim Feten der Sphinkter des Ductus venosus, so fließt weniger Blut in die untere Hohlvene.
III. Das Blut fließt beim Feten nicht durch die Lungen.
IV. Die Leber hat mindestens zwei zuführende Blutgefäße.

(A) Nur die Aussagen I und II lassen sich ableiten.
(B) Nur die Aussagen I, III und IV lassen sich ableiten.
(C) Nur die Aussagen II und III lassen sich ableiten.
(D) Nur die Aussagen II bis IV lassen sich ableiten.
(E) Nur die Aussagen I und IV lassen sich ableiten.

6) In bezug auf die Entstehung unterscheidet man nicht-allergisches Bronchialasthma von exogen-allergischem Bronchialasthma: Beim nicht-allergischen Bronchialasthma reizen unspezifische Stoffe die Bronchialwand. Dies führt auf dem Reflexweg zu einer Erregung des Nervus vagus, was die Bronchialmuskulatur zur Kontraktion veranlaßt. Eine genetische Disposition ist hier Voraussetzung. Exogen-allergisches Bronchialasthma beruht auf einer Überempfindlichkeitsreaktion. Bestimmte Allergene induzieren bei den betroffenen Personen eine verstärkte Bildung von IgE-Antikörpern. Diese setzten sich auf Mastzellen fest und führen zur Freigabe von Mediatoren, welche die Zellverbindungen (Tight junctions) des Bronchialepithels öffnen. Die Allergene selbst können nun in die Submukosa eindringen und regen dort die Bildung weiterer IgE-Antikörper an. Dadurch kommt es wiederum zur Freisetzung verschiedener Mediatorstoffe, die sowohl eine kurzfristige Sofortreaktion auslösen, als auch mit verzögerter Wirkung die Symptome eines Asthmaanfalls hervorrufen.

Welche der folgenden Aussagen lassen sich aus diesen Informationen ableiten?

(A) Bronchialasthma ist meist genetisch bedingt.
(B) In die Submukosa selbst können keine Allergene eindringen.
(C) IgE-Antikörper können zur Freigabe von Mediatoren führen, welche die Tight junctions öffnen.
(D) Bei exogenem-allergischen Bronchialasthma kommt es in einer Sofortreaktion zu den Symptomen eines Asthmaanfalls.
(E) Bei Patienten mit nicht-allergischem Bronchialasthma findet keine IgE-Bildung statt.

5) Lösung: (E)

I. Richtig. Entspannt sich der Sphinkter des Ductus venosus fließt dadurch vermehrt Blut durch dieses leberumgehende Gefäß. Als Folge verringert sich die durch die Leber fließende Blutmenge.

II. Falsch. Es fließt zwar weniger Blut durch den Ductus venosus direkt in die Hohlvene, dafür aber vermehrt Blut durch die Leber, welches letztendlich auch in die untere Hohlvene gelangt, so daß sich deren Gesamtzufluß durch die Sphinkterregulation nicht verändert.

III. Falsch. Der Text sagt, daß das Blut in der Lunge nicht mit Sauerstoff angereichert wird, woraus nicht geschlossen werden kann, daß die Lunge nicht durchblutet wird. (Auch beim Fetus fließt Blut durch die Lungen).

IV. Richtig. Die Beschreibung der in der Leber stattfindenden Vermischung von aus der linken Nabelvene stammendem Blut mit dem aus der Pfortader stammenden Blut bedeutet, daß mindestens zwei zuführende Blutgefäße vorhanden sind.

6) Lösung: (C).

(A) Falsch. Ob das genetisch bedingte nicht-allergische Bronchialasthma häufiger ist, als die andere Form, wird im Text nicht ausgesagt.

(B) Falsch. Bei exogen-allergischem Bronchialasthma dringen Allergene in die Submukosa ein.

(C) Richtig laut Text (Zeile 8).

(D) Falsch. Es kommt erst mit verzögerter Wirkung zu den Symptomen eines Asthmaanfalls.

(E) Falsch. Dies kann nicht ausgeschlossen werden, zumal es bei Patienten mit exogen-allergischem Bronchialasthma heißt, daß es zur <u>verstärkten</u> IgE-Bildung kommt.

7) Antibiotika töten Bakterien ab und werden deshalb als Medikamente bei durch Bakterien verursachten Krankheiten eingesetzt. Der Nutzen von Penicillinen, einer Gruppe von Antibiotika, ist beim Einsatz gegen bestimmte Bakterienarten dadurch eingeschränkt, daß diese Bakterien Abwehrenzyme, sogenannte Betalaktamasen entwickeln. In solchen Fällen läßt sich die Wirkung von Penicillinen darum entscheidend verbessern, wenn parallel Betalaktamase-Hemmer eingesetzt werden, die anstelle des Antibiotikums mit den Betalaktamasen reagieren und diese inaktivieren.

Welche Aussage läßt sich aus diesen Informationen ableiten?

(A) Durch Betalaktamasen wird die Wirkung von Penicillinen verbessert.
(B) Die Wirkung von Penicillin wird durch Betalaktamase-Hemmer eingeschränkt.
(C) Die Wirkung von Penicillin wird durch einen parallel eingesetzten Betalaktamase-Hemmer stets verbessert.
(D) Eine bestimmte Gruppe von Penicillinen nennt man Antibiotika.
(E) Sowohl Penicilline, als auch Betalaktamase-Hemmer können mit bestimmten bakteriellen Enzymen reagieren.

8) Bei den meisten Menschen ist die linke Großhirnhemisphäre Sitz der sprachlichen und analytischen Denkleistungen. Erfahrungsgemäß rufen bei Männern linksseitige Teilverletzungen der Großhirnrinde häufiger als bei Frauen Beeinträchtigungen des Sprachvermögens (Aphasien) hervor.

Welche der folgenden Theorien kommt <u>nicht</u> als Erklärung für diesen Sachverhalt in Frage?

(A) Bei allen Männern ist die linke Großhirnhemisphäre Sitz der sprachlichen Leistungen, aber nicht bei allen Frauen.
(B) Es kommt bei Männern häufiger zu Verletzungen der linken Hemisphäre als bei Frauen.
(C) Das Sprachzentrum von Männern reagiert bei Verletzung empfindlicher als das von Frauen.
(D) Das Sprachzentrum von Männern ist auf einen größeren Anteil der linken Großhirnhemispäre verteilt als das von Frauen.
(E) Während Männer nur ein Sprachzentrum haben, besitzen Frauen mehrere Sprachzentren, so daß der Ausfall eines Sprachzentrums durch die anderen voll kompensiert werden kann.

7) Lösung: (E).

(A) Falsch. Betalaktamasen sind bakterielle Abwehrenzyme, die die Penicillinwirkung einschränken.
(B) Falsch. Die Penicillinwirkung wird in bestimmten Fällen dadurch verbessert.
(C) Falsch. Nur wenn die zu bekämpfende Krankheit von Bakterien verursacht wird, die das Abwehrenzym Betalaktamase entwickelt haben. Ansonsten hat der Betalaktamase-Hemmer keine verbessernde Wirkung.
(D) Umgekehrt. Penicilline sind eine Gruppe der Antibiotika.
(E) Richtig. Im Text steht, daß die Wirkung der Betalaktamase-Hemmer darin bestünde, daß sie anstelle des Penicillins mit dem bakteriellen Abwehrenzym Betalaktamase reagierten. Daraus folgt, daß auch Penicilline mit Betalaktamase reagieren können.

8) Lösung: (B).

(A) Kommt in Frage. Hätten z.B. 70 % der Frauen ihr Sprachzentrum auf der linken Seite und 100% aller Männer, so wäre das eine plausible Erklärung dafür, daß bei Verletzungen der linken Hemisphäre bei Männern häufiger das Sprachzentrum geschädigt wird, als bei Frauen.
(B) Kommt als Erklärung nicht in Frage. Die Voraussetzung ist, daß wenn es zu Verletzungen der linken Hemisphäre gekommen ist, dann bei Männern das Sprachzentrum häufiger geschädigt ist. Dies ist unabhängig davon, bei welchem Geschlecht solche Verletzungen häufiger vorkommen.
(C) Kommt in Frage. Wenn zustandegekommene Verletzungen sich im männlichen Sprachzentrum stärker auswirken, ist das eine Erklärung dafür, daß bei Männern Beeinträchtigung des Sprachvermögens häufiger als Folge auftritt.
(D) Auch das wäre eine mögliche Erklärung, da bei Verletzungen eines Teils der linken Hemisphäre das in einem kleineren Areal verteilte Sprachzentrum der Frauen mit deutlich geringerer Wahrscheinlichkeit betroffen wäre als das weitverteilte Sprachzentrum der Männer.
(E) Auch dies kommt als Erklärung in Frage, da bei Ausfall eines Sprachzentums andere Sprachzentren die sprachlichen Fähigkeiten weiter aufrecht erhalten könnten.

9) Treffen Schallwellen auf das Trommelfell auf, so werden sie über die Gehörknöchelchen des Mittelohrs auf das ovale Fenster übertragen. Das ovale Fenster ist die Grenze zwischen Mittelohr und dem mit Flüssigkeit gefüllten Innenohr. Eine so entstandene Bewegung des ovalen Fensters wird im Innenohr als Wanderwelle in die Gehörschnecke übertragen. In der Gehörschnecke befinden sich feine Haarzellen, die die Bewegung der Flüssigkeit aufnehmen und dem Hörnerven zur Weiterleitung ins Gehirn übermitteln. Den im Mittelohr stattfindenden Vorgang bezeichnet man als Schalleitung, den im Innenohr stattfindenden als Schallempfindung. Wird bei einer einseitigen Schwerhörigkeit eine schwingende Stimmgabel auf die Schädelmitte aufgesetzt, so kann von einer Schalleitungsstörung ausgegangen werden, wenn der Patient den Ton auf der geschädigten Seite lauter empfindet, von einer Schallempfindungsstörung dagegen, wenn der Ton auf der gesunden Seite lauter empfunden wird.

Welche der nachfolgenden Aussagen trifft bzw. treffen demnach für einen linksseitig schwerhörigen Patienten zu?

I. Wird der Ton links lauter empfunden, so liegt Schwerhörigkeit rechts vor.
II. Rührt die Schwerhörigkeit von einer geschädigten Gehörschnecke, wird er den Ton rechts lauter empfinden.
III. Rührt die Schwerhörigkeit von einem geschädigten Gehörknöchelchen, wird er den Ton links lauter empfinden.

(A) Nur die Aussagen I und II treffen zu.
(B) Nur die Aussagen I und III treffen zu.
(C) Nur die Aussage III trifft zu.
(D) Nur die Aussagen II und III treffen zu.
(E) Alle Aussagen treffen zu.

10) Bei kardiochirurgischen Eingriffen führt die Gabe des Proteinase-Inhibitors Aprotinin zu einer Senkung des Blutverlustes und damit zu einer Senkung des Fremdblutbedarfs. Proteinase-Inhibitoren hemmen die reaktionsbeschleunigende Wirkung von proteinspaltenden Enzymen, die Proteinasen genannt werden. Eine derartige Wirkung hat Aprotinin auf Kallikrein und Plasmin, woraus eine Normalisierung des durch den chirurgischen Eingriff gestörten Gerinnungssystems resultiert.

Welche der nachfolgenden Aussagen läßt bzw. lassen sich aus diesen Informationen ableiten?

I. Senkt man die Aprotinin-Zufuhr, werden dadurch vermehrt Proteine gespalten.
II. Bestimmte Proteine, die von Kallikrein und Plasmin gespalten werden können, haben auf den Gerinnungsprozeß eine normalisierende Wirkung.
III. Durch die Gabe von Aprotinin kann die Senkung des Blutverlustes verhindert werden.

(A) Nur die Aussage I läßt sich ableiten.
(B) Nur die Aussage II läßt sich ableiten.
(C) Nur die Aussagen I und II lassen sich ableiten.
(D) Nur die Aussagen I und III lassen sich ableiten.
(E) Alle drei Aussagen lassen sich ableiten.

9) Lösung: (D).

I. Falsch. Die linksseitige Schwerhörigkeit des Patienten ist bereits Voraussetzung. Durch den Stimmgabeltest soll lediglich die Schädigung des linken Ohres genauer bestimmt werden. (Würde der Ton links lauter empfunden, so läge eine Schalleitungsschädigung vor).

II. Richtig. Bei Schädigung der zum Innenohr gehörigen Gehörschnecke liegt eine Schallempfindungsstörung vor, bei der der Ton auf der gesunden, hier also der rechten Seite als lauter empfunden wird.

III. Richtig. Bei Schädigung der zum Mittelohr gehörigen Gehörknöchelchen liegt eine Schalleitungsstörung vor, bei der der Ton auf der geschädigten, bei obigem Patienten also auf der linken Seite als lauter empfunden wird.

10) Lösung: (C).

I. Richtig. Proteinasen spalten Proteine. Aprotinin hemmt die reaktionsbeschleunigende Wirkung der Proteinasen. Bei sinkender Aprotinin-Gabe können wieder vermehrt Proteine gespalten werden.

II. Richtig. Die Gerinnungsnormalisierung erfolgt dadurch, daß Kallikrein und Plasmin, gehemmt durch Aprotinin, bestimmte Proteine nicht mehr spalten können. Die Gerinnungsnormalisierung wird folglich durch diese Proteine bewirkt.

III. Falsch. Die Senkung des Blutverlustes wird durch Aprotinin-Gabe nicht verhindert, sondern erreicht.

11) Das Bluteiweiß Fibrinogen ist ein Beta2-Globulin mit einem Kohlenhydratanteil von 4 %. Die Blutplasmakonzentration beträgt 2 bis 4 Gramm pro Liter. Ein Fibrinogenmolekül besteht aus zwei identischen Hälften, die jeweils aus drei Polypeptidketten, und zwar einer Alpha-, einer Beta- und einer Gamma-Kette, gebildet werden. Bei der Blutgerinnung werden unter Thrombineinwirkung an den Aminoenden der Alpha- und Beta-Ketten jeweils ein Fibrinopeptid abgespalten. Die Gamma-Ketten bleiben unverändert. Dadurch werden in den Fibrinogenmolekülen Bezirke freigelegt, die eine Zusammenlagerung der einzelnen Moleküle (Monomere) zu Molekülkomplexen (Polymere) gestattet. Das entstandene Polymer ist noch löslich und wird erst anschließend unter Einwirkung einer stabilisierenden Transglutaminase unlöslich und damit gerinnungsfähig.

Welche der nachfolgenden Aussagen läßt bzw. lassen sich aus diesen Informationen ableiten?

I. Ist ein Polymer aus einer Anzahl von x Fibrinogenmolekülen entstanden, so wurden dabei eine Anzahl von 4 mal x Fibrinopeptiden abgespalten.
II. Thrombin wirkt an den Aminoenden der Alpha- und Gamma-Ketten.
III. Es gibt sowohl lösliches, als auch unlösliches Fibrinogen.

(A) Nur die Aussage I läßt sich ableiten.
(B) Nur die Aussage II läßt sich ableiten.
(C) Nur die Aussage III läßt sich ableiten.
(D) Nur die Aussagen I und II lassen sich ableiten.
(E) Nur die Aussagen I und III lassen sich ableiten.

12) Hirnhautentzündungen werden in vier große Gruppen unterteilt: Die akute eitrige Hirnhautentzündung ist eine bakterielle Infektion, die oft durch Meningokokken, Pneumokokken und Bakterien der Art Haemophilus influenzae verursacht werden. Begleiterscheinungen sind extrem hohes Fieber und eitriger Liquor. Die seröse Hirnhautentzündung können, wenn sie virusbedingt sind, mit Lähmungen einhergehen. Der Liquor ist dabei stark eiweißhaltig bei kaum veränderter Zellzahl. Die chronische Hirnhautentzündung entwickelt sich oft aus der akuten. Ohne diese Vorerkrankung ist sie Ausdruck einer Mitbeteiligung der Hirnhäute an anderen umfassenden Erkrankungen wie Toxoplasmose oder Syphilis. Die tuberkulöse Hirnhautentzündung geht meist mit einem gleichzeitigen Befall anderer Organe, vor allem der Lunge, einher. Der Zuckergehalt des Liquor ist dabei stark herabgesetzt.

Ein Patient mit Verdacht auf Hirnhautentzündung wird untersucht. Man stellt im Liquor einen leicht erhöhten Zucker- und Eiweißspiegel, bei stark vermehrter Zellzahl fest. Der Erreger wird als Virus identifiziert.
Um welche Art von Hirnhautentzündung kann es sich handeln?

(A) Um eine akute eitrige Hirnhautentzündung.
(B) Um eine seröse Hirnhautentzündung.
(C) Um eine chronische Hirnhautentzündung.
(D) Um eine tuberkulöse Hirnhautentzündung.
(E) Es kann sich um keine Hirnhautentzündung handeln.

11) Lösung: (A).

I. Richtig. An jeder Hälfte des Fibrinogenmoleküls werden an der Alpha- und an der Beta-Kette ein Fibrinopeptid abgespalten, d.h. bei jedem Fibrinogenmolekül insgesamt 4 Fibrinopeptide.
II. Falsch. Die Gamma-Ketten bleiben unverändert.
III. Falsch. Darüber ist keine Aussage im Text.

12) Lösung: (C).

(A) Um eine akute eitrige Hirnhautentzündung kann es sich nicht handeln, da der Erreger als Virus identifiziert wurde.
(B) Um eine seröse Hirnhautentzündung kann es sich nicht handeln, weil hier die Zellzahl im Liquor kaum verändert sein dürfte.
(C) Möglich. Die Untersuchungsergebnisse widersprechen keinem Punkt der Krankheitsbeschreibung.
(D) Um eine tuberkulöse Hirnhautentzündung kann es sich deshalb nicht handeln, weil der Zuckergehalt des Liquor dann stark herabgesetzt sein müßte.
(E) Falsch, da es sich um eine chronische Hirnhautentzündung handeln kann.

13) Die Linse des Auges wird über die Zonulafasern in ihrer Position gehalten. Diese gehen ringsum vom Linsenrand ab und führen zum ringförmigen Ziliarmuskel. Durch die Verformbarkeit der Linse ist das Auge in der Lage unterschiedlich weit entfernte Gegenstände scharf auf der Netzhaut abzubilden. Diese Fähigkeit nennt man Akkommodation. Der die Linse umgebende Ziliarmuskel hat in entspanntem Zustand einen größeren Durchmesser als bei Kontraktion. Die Zonulafasern sind dadurch in diesem Zustand angespannt, so daß die Linse flachgezogen wird. Das einfallende Licht wird nur schwach gebrochen. Es liegt eine Fernakkommodation vor. Bei der Nahakkommodation verringert der Ziliarmuskel durch Kontraktion seinen Durchmesser, was zu einer Entspannung der Zonulafasern führt. Die Linse nimmt nun infolge ihrer Eigenelastizität eine kugelförmige Gestalt an, wodurch sie das einfallende Licht stärker bricht.

Welche der nachfolgenden Aussagen läßt bzw. lassen sich diesen Informationen zufolge ableiten?

I. Bei angespanntem Ziliarmuskel sind die Zonulafasern entspannt.
II. Bei Nahakkommodation hat der Ziliarmuskel einen geringeren Durchmesser als bei Fernakkommodation.
III. Bei angespannten Zonulafasern wird das einfallende Licht stark gebrochen.
IV. Bei entspanntem Ziliarmuskel ist die Linse kugelförmig.

(A) Nur die Aussage I und II lassen sich ableiten.
(B) Nur die Aussagen I bis III lassen sich ableiten.
(C) Nur die Aussage I und IV lassen sich ableiten.
(D) Nur die Aussagen II und IV lassen sich ableiten.
(E) Nur die Aussagen III und IV lassen sich ableiten.

14) Jeweils zwischen Unterarm und Hand befinden sich beim Menschen acht Handwurzelknochen, die in zwei Viererreihen angeordnet sind. Liegt die rechte Handinnenseite nach oben, dann heißen jeweils von rechts nach links die Knochen der körpernahen (proximalen) Reihe Kahnbein, Mondbein, Dreiecksbein und Erbsenbein, die Knochen der körperfernen (distalen) Reihe großes Vielecksbein, kleines Vielecksbein, Kopfbein und Hakenbein. Die Handwurzelknochen verknöchern erst nach der Geburt, ausgehend von einem Knochenkern. Das Dreiecksbein verknöchert zwischen dem 1. und 3. Lebensjahr, das Kahnbein zwischen dem 4. und 6., das große Vielecksbein zwischen dem 4. und 8. und das Erbsenbein erst zwischen dem 8. und 12. Lebensjahr.

Ein Kind hält die linke Hand mit dem Handrücken nach oben. In dieser Stellung ist der erste Knochen von rechts der proximalen Reihe schon vollständig verknöchert, der erste Knochen von rechts der distalen Reihe jedoch noch nicht vollständig verknöchert. Wie alt ist demnach dieses Kind?

(A) 2 Jahre.
(B) 5 Jahre.
(C) 7 Jahre.
(D) 9 Jahre.
(E) Über 12 Jahre.

13) Lösung: (A).

I. Richtig. Der Durchmesser des Ziliarmuskels verringert sich bei Anspannung, so daß die Zonulafasern sich entspannen.

II. Richtig. Zur Nahakkommodation muß sich der Ziliarmuskel kontrahieren, wodurch sein Durchmesser abnimmt.

III. Falsch. Angespannte Zonulafasern bedeuten Fernakkommodation. Das einfallende Licht wird kaum gebrochen.

IV. Falsch. Der Durchmesser des Ziliarmuskels ist bei Entspannung größer, so daß die Zonulafasern nach außen gezogen und angespannt werden. Die Linse wird flachgezogen.

14) Lösung: (C).

Liegt die linke Hand mit dem Handrücken nach oben, sind die Handwurzelknochen entsprechend angeordnet, wie wenn die rechte Hand mit der Handfläche nach oben liegt, also entsprechend der Beschreibung im Text. Der erste Knochen von rechts der proximalen Reihe ist demnach das Kahnbein. Da dieses schon vollständig verknöchert ist, ist das Kind mindestens 6 Jahre alt. Der erste Knochen von rechts der distalen Reihe ist das große Vielecksbein. Da dieser Knochen noch nicht vollständig verknöchert ist, kann das Kind noch keine 8 Jahre alt sein. Damit bleibt nur (C) als Lösung. Eine Skizze der zwei Reihen der Handwurzelknochen verschafft den notwendigen Überblick.

15) Der Schenkelhalswinkel wird von den Achsen des Schenkelhalses und des Schenkelschaftes gebildet. Er beträgt beim Erwachsenen unabhängig vom Geschlecht zwischen 120° und 133°, beim Neugeborenen dagegen etwa 145°. Beginnt das Kind zu laufen vermindert er sich auf ca. 140°, in der Pubertät dann auf etwa 133°. Im Laufe des Lebens verkleinert sich der Schenkelhalswinkel dann immer weiter, bis er im hohen Alter schließlich nur noch ungefähr 120° beträgt. Mißt der Winkel unter 127°, spricht man von einer Coxa vara, beträgt er über 133°, spricht man von einer Coxa valga. Beides beeinträchtigt die Stabilität des Hüftgelenkes.

Welche der folgenden Aussagen läßt bzw. lassen sich aus diesen Informationen ableiten?

I. Ein Schenkelhalswinkel von 125° und ein Schenkelhalswinkel von 129° bedeuten für das Hüftgelenk etwa gleiche Stabilität.
II. Eine Vergrößerung des Schenkelhalswinkels ist in keiner Lebensphase zu erwarten.
III. Der Schenkelhalswinkel eines Neugeborenen entspricht einer Coxa vara.

(A) Nur die Aussage I läßt sich ableiten.
(B) Nur die Aussage II läßt sich ableiten.
(C) Nur die Aussage III läßt sich ableiten.
(D) Nur die Aussagen I und II lassen sich ableiten.
(E) Nur die Aussagen II und III lassen sich ableiten.

16) Die Knochenhaut (Periost) umgibt den ganzen Knochen mit Ausnahme der Gelenkenden, die von Knorpel überzogen sind. Sie besteht aus einer äußeren Faserhaut (Stratum fibrosum) und einer inneren, zellreicheren Schicht (Stratum cellulare). In beiden Schichten kommen kollagene und elastische Fasern vor. Von der ersten Faserart strahlen ausgehend von der Stratum fibrosum Faserbündel (Sharpeysche Fasern) in den Knochen ein und verankern so das Periost. In das Stratum fibrosum strahlen wiederum Muskelsehnen ein, wodurch der Knochen bewegt werden kann. Die innere Schicht des Periost enthält Blutgefäße und Nerven und hat die Fähigkeit zur Bildung von knochenaufbauenden Zellen (Osteoblasten). Beim fertigen Knochen befinden sich diese Zellen in Ruhe. Die Blutgefäße des Periost versorgen die inneren Blutgefäße der Knochen. Darum geht der Knochen auch nach Entfernung der Knochenhaut zugrunde.

Welche der nachfolgenden Aussagen läßt bzw. lassen sich aus diesen Informationen ableiten?

I. Von der äußeren Periostschicht führen kollagene Fasern zum Knochen.
II. Nach Entfernung der Knochenhaut führt das Fehlen der Osteoblasten zum Untergang des Knochens.
III. Die äußere Periostschicht enthält keine Blutgefäße.

(A) Nur die Aussage I läßt sich ableiten.
(B) Nur die Aussage II läßt sich ableiten.
(C) Nur die Aussage III läßt sich ableiten.
(D) Nur die Aussagen I und III lassen sich ableiten.
(E) Nur die Aussagen II und III lassen sich ableiten.

15) Lösung: (B).

I. Falsch. Während ein Winkel von 125° als Coxa vara die Stabilität des Hüftgelenkes beeinträchtigt, ist ein Winkel von 129° nicht stabilitätsbeeinträchtigend.
II. Richtig. Der Schenkelhalswinkel verkleinert sich von der Geburt an immer weiter.
III. Falsch. Er entspricht einer Coxa valga.

16) Lösung: (A).

I. Richtig. Von der Stratum fibrosum ausgehende kollagen Fasern verankern das Periost am Knochen.
II. Falsch. Die dann fehlenden Blutgefäße bewirken den Knochenuntergang.
III. Es steht zwar nur von der inneren Periostschicht ausdrücklich da, daß sie Blutgefäße enthält, daraus läßt sich aber nicht ableiten, daß die äußere Periostschicht keine Blutgefäße enthält.

17) Der Mundspeichel wird hauptsächlich von drei großen, paarig vorhandenen Drüsen gebildet. Die größten Drüsen, die beiden Glandulae parotes, liegen unterhalb der beiden Ohren dicht unter der Haut. Die Glandulae sublinguales liegen direkt unterhalb der Zunge, und die am meisten Speichel produzierenden Glandulae submandibulares liegen zwischen Mundbodenmuskulatur und Unterkiefer. Während die parasympathische Innervierung der Glandulae parotes durch Fasern des Nervus glossopharyngeus erfolgt, werden die beiden anderen Drüsenpaare durch Fasern des Nervus facialis parasympathisch innerviert. Diese parasympathischen Fasern entspringen letztendlich alle aus der Medulla oblongata. Die Drüsen werden außerdem auch sympathisch innerviert. Erfolgt eine Reizung über die parasympathischen Nerven kommt es in den Drüsen zur Absonderung eines dünnflüssigen, protein- und kaliumionenarmen Speichels, wogegen eine Reizung durch die sympathischen Nerven die Sekretion von dickflüssigerem, protein- und kaliumionenreichen Speichels bewirkt.

Bei einem Patienten ist durch eine Entzündung die Funktionsfähigkeit des Nervus facialis stark herabgesetzt. Welche der nachfolgenden Konsequenzen ergibt sich für die Drüsenfunktionen?

(A) Die Glandulae submandibulares können keinen Speichel mehr absondern.
(B) Der Speichel der größten Drüsen enthält vermehrt Kaliumionen.
(C) Der Speichel der am stärksten produzierenden Drüsen erfährt keine Veränderung.
(D) Alle drei Drüsenpaare werden in ihrer Speichelsekretion gehemmt.
(E) Der Speichel der unter der Zunge liegenden Drüsen wird nicht dünnflüssiger.

18) Das Hormon Renin wird bei steigendem Blutdruck vermindert, bei sinkendem Blutdruck dagegen vermehrt von den Nieren in den Blutkreislauf abgegeben. Unter der Wirkung von Renin reagiert das in der Leber produzierte Angiotensinogen zu Angiotensin I, das seinerseits durch das überall im Blutkreislauf vorhandene Convertingenzym in Angiotensin II überführt wird. Angiotensin II bewirkt zum einen eine Verengung der Blutgefäße, wodurch der Blutdruck gesteigert wird, zum anderen bewirkt es eine vermehrte Freisetzung des Nebennierenrindenhormons Aldosteron. Aldosteron bewirkt an den Nieren eine verstärkte Rückresorption von Natriumionen und Wasser, was sich auf das Blutvolumen und damit den Blutdruck erhöhend auswirkt. Wird insgesamt eine Blutdrucksteigerung erreicht, wirkt sich dies hemmend auf die Reninproduktion aus.

Welche Auswirkung ist demzufolge nach einer hohen, intravenösen Gabe von Aldosteron zu erwarten?

(A) Die Reninkonzentration im Blut wird steigen.
(B) Die Angiotensin-Bildung wird gehemmt.
(C) Es wird vermehrt Angiotensin I in Angiotensin II überführt.
(D) Der Blutdruck wird durch Verengung der Blutgefäße gesteigert.
(E) Die Convertingenzymkonzentration sinkt.

17) Lösung: (E).

(A) Falsch. Die Sekretion kann noch durch die sympathische Innervierung ausgelöst werden.
(B) Falsch. Die größten Drüsen sind die Glandulae parotes, die parasympathisch durch den Nervus glossopharyngeus innerviert werden und deshalb von der Entzündung nicht betroffen sind.
(C) Falsch. Die am stärksten produziernden Drüsen sind die Glandulae submandibulares, welche von dem betroffenen Nervus facialis innerviert werden.
(D) Falsch. Die Glandulae parotes sind nicht betroffen, da sie nicht vom Nervus facialis innerviert werden.
(E) Richtig, da der für dünnflüssigen Speichel sorgende parasympathische Nervus facialis gehemmt ist.

18) Lösung: (B).

(A) Falsch. Da Aldosteron selbst schon eine Blutdrucksteigerung bewirkt, wird die Reninfreisetzung gehemmt.
(B) Richtig. Durch die gehemmte Reninbildung wird auch sowohl die Angiotensin I- als auch die Angiotensin II-Bildung gehemmt.
(C) Falsch. Da die Reninfreigabe gehemmt wird, wird sogar umgekehrt weniger Angiotensin I gebildet und damit auch weniger in Angiotensin II umgesetzt.
(D) Falsch. Der Blutdruck wird durch ein vergrößertes Blutvolumen erhöht.
(E) Falsch. Von einer etwaigen Veränderung der Konzentration des Convertingenzyms ist im Text nicht die Rede.

19) Wird die Verbindung eines Nerven zum Zentralnervensystem (Gehirn und Rückenmark) unterbrochen, so verliert er seine Funktionsfähigkeit. Ist die Zuleitung nicht vollständig unterbrochen, so ist die Funktionsfähigkeit eingeschränkt.
Die sensible Versorgung der Haut am hinteren Wadenbereich erfolgt durch den Nervus suralis. Dessen Verbindung zum Rückenmark führt ausgehend vom Rückenmark zunächst über den Nervus ischiadicus. Der Nervus ischiadicus spaltet sich oberhalb des Knies auf in den Nervus tibialis und den Nervus peronaeus communis. Letzterer spaltet sich unterhalb des Knies auf in den Nervus cutaneus surae lateralis, den Nervus peronaeus superficialis und den Nervus peronaeus profundus. Vom Nervus tibialis zweigt unterhalb des Knies der Nervus cutaneus surae medialis ab, der dann, nach Vereinigung mit dem Nervus cutaneus surae lateralis, Nervus suralis genannt wird.

Ein Patient berichtet, daß er am hinteren Wadenbereich in eingeschränktem Maße empfindungsgestört sei.
Welche Verletzung kann diesen Zustand erklären?

I. Verletzung des Nervus tibialis in Höhe des Knies.
II. Verletzung des Nervus peronaeus superficialis und des Nervus peronaeus profundus.
III. Verletzung des Nervus cutaneus surae lateralis.

(A) Nur Verletzung I.
(B) Nur Verletzung II.
(C) Nur Verletzung III.
(D) Nur die Verletzungen I oder III.
(E) Nur die Verletzungen II oder III.

19) Lösung: (D).

I. Richtig. Der Nervus suralis entsteht aus zwei Ästen, von denen der eine (Nervus cutaneus surae medialis) unterhalb des Knies aus dem Nervus tibialis abzweigt. Bei der genannten Verletzung wäre dieser Ast mitgeschädigt, während der andere zuführende Ast noch funktionsfähig wäre, was den beschriebenen Zustand erklären könnte.

II. Falsch. Diese Nerven beeinflussen nicht die Innervierung des Nervus suralis.

III. Richtig. Dieser Nerv ist einer der beiden Nerven, die sich zum Nervus suralis vereinigen. Seine Verletzungen könnte eine Funktionsstörung desselben erklären.

20) Adiuretin, ein Hormon, das von der Neurohypophyse ins Blut ausgeschüttet wird, bewirkt an den Nieren eine Erhöhung der Reabsorption von Wasser, d.h. es wird weniger Wasser ausgeschieden. Dadurch wird eine geringere Menge, dafür konzentrierteren Urins ausgeschieden. Umgekehrt führt ein Absinken der Adiuretinkonzentration im Blut zu einer Verringerung der Wasserreabsorption und damit zu größeren, verdünnten Harnmengen. An verschiedenen Stellen des Körpers befinden sich Volumenrezeptoren, die das Blutvolumen kontrollieren. Bei erhöhtem Blutvolumen wird die Adiuretinausschüttung reduziert, bei vermindertem Blutvolumen wird sie gesteigert.

Bei einer dieses Regelsystem betreffenden Krankheit mit dem Namen Diabetes insipidus werden pro Tag bis zu 20 Liter Urin ausgeschieden. Was könnte die Ursache dafür sein?

I. Die Neurohypophyse schüttet unkontrolliert viel Adiuretin aus.
II. Die Volumenrezeptoren des Blutes zeigen ständig fälschlicherweise ein erhöhtes Blutvolumen an.
III. Die Nieren haben ihre Fähigkeit verloren, auf veränderte Adiuretinkonzentrationen im Blut mit veränderter Wasserreabsorption zu reagieren.
IV. Die Neurohypophyse hat ihre Fähigkeit zur Adiuretinausschüttung verloren.

(A) Nur I und II kommen als Ursache in Frage.
(B) Nur I, III und IV kommen als Ursache in Frage.
(C) Nur II und VI kommen als Ursache in Frage.
(D) Nur II und III kommen als Ursache in Frage.
(E) Nur II, III und IV kommen als Ursache in Frage.

21) Wird an den Endästen von motorischen Nerven Acetylcholin freigesetzt, verbindet dieses sich mit den Rezeptoren der Muskelzellen, was zu einem kurzfristigen Erregungsimpuls und damit einer kurzen Kontraktion führt. Eine erneute Erregung findet erst dann statt, wenn das Acetylcholin zunächst durch Cholinesterase abgebaut wurde und daraufhin erneut Acetylcholin aus den Nervenendästen freigesetzt wurde. Die Dauerkontraktion eines Muskels kann nur zustandekommen, wenn obiger Erregungsvorgang in schnellem Rhythmus ständig wiederholt wird. Pancuroniumbromid ist ein Stoff, der die Rezeptoren der Muskelzellen besetzt und somit für das Acetylcholin unzugänglich macht, ohne wie dieses eine Muskelerregung auszulösen. Physostigmin dagegen verhindert durch Blockade der Cholinesterase den Abbau von Acetylcholin.

In einem Organismus wurden sowohl Pancuroniumbromid als auch Physostigmin injiziert und an den Nervenendästen wurde Acetylcholin freigesetzt. Was ist zu erwarten, wenn anschließend ein weiterer Wirkstoff injiziert wird, der zur sofortigen Unwirksamkeit von Pancuroniumbromid führt?

(A) Es kommt zu einer kurzfristigen Muskelkontraktion.
(B) Es kommt zu einer Dauerkontraktion.
(C) Es kommt zu keiner Kontraktion.
(D) Die bestehende Dauerkontraktion wird aufgehoben.
(E) Keine der Auswirkungen (A) - (D) ist zu erwarten.

20) Lösung: (E).

I. Falsch. Bei zuviel Adiuretin im Blut wäre die Rückresorption des Wassers stark gesteigert und die Urinmenge würde sich reduzieren.
II. Richtig. Zeigen die Rezeptoren erhöhtes Blutvolumen an, wird die Adiuretinausschüttung reduziert, wodurch die Wasserreabsorption gedrosselt und das Urinvolumen vergrößert wird.
III. Richtig. Würden die Nieren unabhängig von der Adiuretinkonzentration im Blut Wasser ausscheiden bzw. zurückhalten, könnte es zu unkontrolliert verminderter Wasserrückresorpion kommen.
IV. Richtig. Ist durch Funktionsausfall der Neurohypophyse zuwenig Adiuretin im Blut, kommt es zu stark gesteigerter Wasserausscheidung an der Niere.

21) Lösung: (A).

(A) Richtig. Da die bisher besetzten Muskelrezeptoren nun plötzlich frei werden, ist zu erwarten, daß das nun an ihnen wirksame Acetylcholin eine kurzfristige Erregung auslöst.
(B) Falsch. Durch die Wirksamkeit des Cholesterasehemmers Physostigmin kann das Acetylcholin nicht abgebaut werden. Eine für eine Dauerkontraktion notwendige ständige Wiederholung des Erregungsvorganges Kann daher nicht stattfinden.
(C) Falsch. Siehe (A).
(D) Es bestand bisher keine Dauerkontraktion, da die Muskelrezeptoren von nichterregenden Pancuroniumbromid besetzt waren und so vom Acetylcholin nicht erreicht werden konnten.
(E) Falsch. Siehe (A).

22) Die den Arm innervierenden Nerven entstammen dem Nervengeflecht Plexus brachialis. Dieses wird aus Nerven gebildet, die aus den in dieser Reihenfolge von oben nach unten gelegenen Rückenmarksegmenten C_5, C_6, C_7, C_8, Th_1 entspringen. Vom Rückenmark ausgehend bilden sich zunächst drei Primärstränge: Der oberste besteht aus den Nerven der Segmente C_5 und C_6, der mittlere aus den Nerven des Segmentes C_7 und der untere aus den Nerven der Segmente C_8 und Th_1. Diese Primärstränge spalten sich jeweils in einen hinteren und einen vorderen Ast auf. Die so entstandenen Äste gruppieren sich dann in ihrem weiteren Verlauf in drei sekundäre Stränge. Und zwar schließen sich alle hinteren Äste zum Fasciculus dorsalis zusammen, während von den vorderen Ästen die zwei oberen den Fasciculus lateralis bilden und der untere den Fasciculus medialis bildet. Aus diesen sekundären Strängen gehen dann die einzelnen Armnerven hervor.

Welche der nachfolgenden Aussagen ist diesen Informationen zufolge richtig?

(A) Der Fasciculus medialis enthält Nerven, die aus dem Segment C_6 stammen.
(B) Der Fasciculus dorsalis hat Verbindung zu allen den Plexus brachialis bildenden Segmenten.
(C) Der Fasciculus lateralis enthält sowohl aus dem Segment C_7, als auch aus dem Segment C_8 stammende Nerven.
(D) Der Fasciculus lateralis und der Fasciculus medialis enthalten Nerven aus demselben Segment.
(E) Der unterste Primärstrang enthält Nerven aus mehr Segmenten, als die beiden anderen Primärstränge zusammmen.

23) Schnupfen wird durch eine Tröpfcheninfektion mit Virustypen aus der Gruppe der Rheo-, Adeno-, Myxo- und Picornaviren ausgelöst. Die Viren dringen dabei in die obersten Hautschichten der Atemwege ein und bewirken dort ein Absterben der Hautzellen (zytopathischer Effekt). Kurz nach Beginn der Erkrankung tritt eine verstärkte Durchblutung (Hyperämie) der Nasenschleimhaut auf. Darauf folgt ein seröser Ausfluß auf die Schleimhautoberfläche mit Behinderung der Nasenatmung (Nase läuft). Durch die folgende entzündliche Reizung der schleimbildenden Drüsenzellen erfolgt eine verstärkte Schleimsekretion, so daß der Ausfluß dann einen Zusatz von Schleim enthält. Die Entzündung klingt meist nach 4 bis 5 Tagen wieder ab. Es kann sich aber auch eine eitrige Entzündung anschließen. Nicht selten breitet sich die durch Viren verursachte Entzündung auch auf benachbarte Gebiete aus.

Welche der nachfolgenden Aussagen läßt sich daraus ableiten?

(A) In tiefere Hautschichten können keine Viren eindringen.
(B) Das in Nachbarschaft zu den Atemwegen liegende Mittelohr wird selten von einer durch Schnupfenviren verursachten Entzündung befallen.
(C) Beim zytopathischen Effekt werden Zellen von Viren geschädigt.
(D) Beim Schnupfen wird durch eine verstärkte Schleimbildung eine Behinderung der Nasenatmung ausgelöst.
(E) Kontakt mit Rheoviren löst stets Schnupfen aus.

22) Lösung: (B).

(A) Falsch. Der Fasciculus medialis enthält nur Nerven der Segmente C_8 und Th_1.
(B) Richtig. Der Fasciculus dorsalis enthält alle hinteren Äste der Primärstränge und hat dadurch Verbindung zu jedem der beteiligten Segmente.
(C) Falsch. Der Fasciculus lateralis enthält nur Nerven, die aus den Segmenten C_5, C_6 und C_7 stammen.
(D) Falsch. Der Fasciculus lateralis enthält nur Nerven, die aus den Segmenten C_5, C_6 und C_7 stammen, der Fasciculus medialis nur Nerven aus den Segmenten C_8 und Th_1.
(E) Falsch. Der unterste Primärstrang enthält nur Nerven aus zwei Segmenten (C_8, Th_1), die anderen Primärstränge zusammen aus drei Segmenten (C_5, C_6, C_7).

23) Lösung: (C).

(A) Dies läßt sich so allgemein nicht ableiten.
(B) Falsch. Nicht selten breiten sich solche Entzündungen auf benachbarte Gebiete aus.
(C) Richtig. Die Viren bewirken das Absterben von Zellen.
(D) Falsch. Der seröse Ausfluß auf die Schleimhautoberfläche sorgt auch schon vor Einsetzen der verstärkten Schleimsekretion für eine behinderte Nasenatmung.
(E) Falsch. Zu allgemein. Es kann bei Tröpfcheninfektion mit bestimmten Rheoviren Schnupfen ausgelöst werden, muß deshalb aber nicht zwangsläufig bei jedem Rheoviruskontakt der Fall sein.

24) Die in den Membranen von Zellen durch eingelagerte Glykoproteine charakterisierte Struktur nennt man Glykokalix. Wachsen bewegliche Zellen aufeinander zu, so kommt es bei der Berührung zu einer über die Glykokalix vermittelten Kommunikation. Gleichartige Zellen können sich so erkennen und ihr Wachsen an der Berührungsstelle einstellen, um sich zu einem gemeinsamen Zellverband zu verkoppeln. Diese Wachstumshemmung durch den eingetretenen Zellkontakt nennt man Kontaktinhibition. Zu einem unkontrollierten Zellwachstum (Tumor) kann es kommen, wenn in ihrem Erbgut veränderte (mutierte) Zellen ihre Glykokalixeigenschaften verändern, so daß sie angrenzende, gesunde Zellen nicht mehr als gleichartig erkennen und die Kontaktinhibition aufgehoben wird.

Welche der nachfolgenden Aussagen läßt bzw. lassen sich diesen Informationen zufolge ableiten?

I. Nur gleichartige Zellen können miteinander kommunizieren.
II. Zu einem Tumor kann es nach Aufhebung der Kontaktinhibition kommen.
III. Glykoproteine charakterisieren die Struktur der Glykokalix.

(A) Nur die Aussage II läßt sich ableiten.
(B) Nur die Aussagen I und II lassen sich ableiten.
(C) Nur die Aussage I und III lassen sich ableiten.
(D) Nur die Aussagen II und III lassen sich ableiten.
(E) Alle drei Aussagen lassen sich ableiten.

25) Die B-Inselzellen der Bauchspeicheldrüse produzieren das Hormon Insulin, das die Senkung des besonders nach kohlenhydratreichen Mahlzeiten steigenden Glucosespiegels im Blut bewirkt. Verliert die Bauchspeicheldrüse die Fähigkeit ausreichend Insulin zu produzieren, spricht man von einer Zuckerkrankheit (Diabetes mellitus). Entsteht bei stark übergewichtigen Menschen Diabetes mellitus, erklärt man dies auf folgende Weise: Durch häufigen Kohlenhydratgenuß wird eine dauerhaft verstärkte Insulinproduktion (Hyperinsulinismus) bewirkt. Dadurch werden an den Insulin-Erfolgsorganen die Insulinrezeptoren zum Teil abgebaut, so daß diese Organe nur durch eine weitere Steigerung der Insulinproduktion den nötigen Glucoseabbau aus dem Blut bewirken. Diese dauerhafte, starke Belastung führt schließlich zum Untergang von B-Inselzellen und damit zur Entstehung der Zuckerkrankheit.

Welche der nachfolgenden Aussagen ist diesen Informationen zufolge richtig?

(A) Insulin hat seine Wirkung lediglich nach kohlenhydrathaltigen Mahlzeiten.
(B) Übergewichtige Menschen haben häufig Diabetes mellitus.
(C) Ein Medikament, das den Abbau von Insulinrezeptoren verhindert, bewirkt bei einer bestehenden Zuckerkrankheit eine Verbesserung.
(D) Um eine vergleichbare Blutzuckersenkung zu bewirken, wird nach Abbau eines Teils der Insulinrezeptoren mehr Insulin benötigt als vor dem Rezeptorabbau.
(E) Die Bauchspeicheldrüse hat die Fähigkeit Glucose im Blut abzubauen.

24) Lösung: (D).

I. Falsch. Zu einer Kommunikation kommt es, auch wenn die Zellen nicht gleichartig sind. Lediglich die Verbindung zu einem einheitlichen Zellverband unterbleibt bei verschiedenartigen Zellen.

II. Richtig. Diese Möglichkeit läßt sich aus dem im Text beschriebenen Fall ableiten. Verändert sich bei einer mutierten Zelle die Glykokalix, kann die Kontaktinhibition aufgehoben werden und als Folge unkontrolliertes Zellwachstum eintreten.

III. Richtig entsprechend dem 1. Satz des Textes.

25) Lösung: (D).

(A) Falsch. Der Blutzuckerspiegel steigt zwar besonders nach kohlenhydrathaltigen Mahlzeiten, Insulin hat seine Wirkung aber unabhängig davon, durch was der Blutzuckerspiegel erhöht wird.

(B) Falsch. Über die Häufigkeit der Krankheit steht nichts im Text.

(C) Falsch. Eine Verbesserung würde nicht eintreten. Durch den erfolgten Untergang der B-Inselzellen besteht kein Hyperinsulinismus mehr und die Insulinrezeptoren haben ohnehin nicht mehr die Tendenz abgebaut zu werden.

(D) Richtig. Nach dem Abbau von Insulin-Rezeptoren wird eine entsprechende Aktivierung der Insulin-Erfolgsorgane nur durch weitere Steigerung der Insulinproduktion erreicht.

(E) Falsch. Die Bauchspeicheldrüse selbst hat diese Fähigkeit nicht. Sie kann den Abbau lediglich durch Freigabe von Insulin bei anderen Organen bewirken.

26) Die anatomische Numerierung der Finger beginnt am Daumen und geht von 1 bis 5. Die Beugebewegung (Flexion) der Finger führt zur Bildung einer Faust, während die Streckung (Extension) zum Öffnen der Faust führt. Diese Bewegungen werden jeweils von mehreren Muskeln bewirkt. Der Musculus flexor digitorum superficialis wird vom Nervus medianus innerviert und bewirkt bei Kontraktion die Beugung der Finger 2 bis 5. Dieselbe Wirkung besitzt auch der Musculus flexor digitorum profundus. Für die Innervierung sorgt bei ihm für die Finger 2 und 3 der Nervus medianus, und für die Finger 4 und 5 der Nervus ulnaris. Kontraktion des Musculus flexor pollicis longus führt zur Flexion des Daumens. Dieser Muskel wird ausschließlich vom Nervus medianus innerviert. Der Nervus radialis versorgt die Muskeln, die eine Extension der Finger bewirken.

Ein Patient kann noch mit Ring- und kleinem Finger eine Beugung ausführen, so daß es zu einer sogenannten Schwurhand kommt. Das Strecken der Finger ist nach wie vor möglich. Was kann die Ursache für diese Schädigung sein?

(A) Der Musculus flexor digitorum profundus ist nicht mehr funktionsfähig.
(B) Der Musculus flexor digitorum superficialis ist nicht mehr funktionsfähig.
(C) Der Nervus radialis ist nicht mehr funktionsfähig.
(D) Der Nervus medianus ist nicht mehr funktionsfähig.
(E) Der Nervus ulnaris ist nicht mehr funktionsfähig.

27) Der isoelektrische Punkt einer Aminosäure ist der pH-Wert, bei dem sich in wässriger Lösung die geringste Menge der Aminosäure löst. Verändert man den pH-Wert der wässrigen Lösung ausgehend vom isoelektrischen Punkt, so löst sich mit zunehmender Differenz zum isoelektrischen Punkt eine größere Menge der Aminosäure. Für die Auswertung eines Versuchs wird davon ausgegangen, daß sich bei gleichem Abstand zum isoelektrischen Punkt jeweils dieselbe Menge der verwendeten Aminosäure löst, unabhängig davon, ob der pH-Wert gesenkt oder erhöht wurde. Es lösen sich in einer während des ganzen Versuchs festgelegten Menge wässriger Lösung bei pH 3 genau 2 Gramm der Aminosäure. Bei pH-Wert-Erhöhung auf 5 ist die lösliche Menge geringer. Nach einer Steigerung des pH-Wertes auf 7 ist die Löslichkeit höher als bei pH 5, liegt aber noch unter 2 Gramm. Bei weiterer Steigerung des pH-Wertes steigt die gelöste Menge wieder auf 2 Gramm.

Welche der nachfolgenden Aussagen über den isoelektrischen Punkt der Aminosäure ist demnach richtig?

(A) Der isoelektrische Punkt ändert sich je nach pH-Wert der Lösung.
(B) Der isoelektrische Punkt liegt zwischen pH 4 und 5.
(C) Der isoelektrische Punkt liegt zwischen pH 5 und 6.
(D) Der isoelektrische Punkt liegt zwischen pH 6 und pH 7.
(E) Der isoelektrische Punkt liegt über pH 7.

26) Lösung: (D).

(A) Falsch. Durch den Musculus flexor digitorum superficialis wäre in diesem Fall die Flexion der Finger 2 und 3 noch möglich.
(B) Falsch. Durch den Musculus flexor digitorum profundus wäre in diesem Fall die Flexion der Finger 2 und 3 noch möglich.
(C) Falsch. Dann wären nicht die Flexions-, sondern die Extensionsbewegungen eingeschränkt.
(D) Richtig. Alle beschriebenen Flexorenmuskeln werden nicht mehr innerviert bis auf den Anteil des Musculus flexor digitorum profundus für den 4. und 5. Finger, weil dieser Anteil nicht durch den Nervus medianus, sondern durch den Nervus ulnaris innerviert wird.
(E) Falsch. Die Flexion der Finger wäre durch den Nervus medianus noch weitgehend möglich.

27) Lösung: (C).

(A) Falsch. Der isoelekrische Punkt ist ein für jede Aminosäure charakteristischer fester pH-Wert.
(B)
bis
(E) Bei pH 3 lösen sich genau 2 Gramm der Aminosäure. Bei pH 5 löst sich weniger. Da sich um so weniger der Aminosäure löst, je näher sich die Lösung am isoelektrischen Punkt befindet, muß pH 5 näher am isoelektrischen Punkt liegen als pH 3, das heißt der i.P. ist größer als pH 4. Bei pH 7 löst sich wiederum mehr Aminosäure als bei pH 5, der isoelektrische Punkt liegt demnach näher bei pH 5 als bei pH 7, das heißt er ist kleiner als pH 6. Da sich bei pH 3 genau 2 Gramm lösen, bei pH 7 aber weniger als 2 Gramm, liegt der isoelektrische Punkt näher bei 7 als bei 3, das heißt er ist größer als pH 5. Er muß sich demnach im Bereich zwischen pH 5 und pH 6 befinden.

28) Der Schädigungsmechanismus von Bakterien ist entsprechend den zahlreichen Bakterienarten variabel: Eingedrungen in den Körper, vermehren sie sich sowohl extrazellulär als auch zum Teil intrazellulär und bewirken krankhafte Veränderungen, vorwiegend durch abgegebene Stoffe. Beispiele dafür sind die bakteriellen Enzyme Streptokinase und Hyaluronidase. Sie führen ebenso wie abgegebene Toxine (Ektotoxine) zur lokalen Gewebeschädigung mit Zellnekrose und Entzündung. Die beim Bakterienzerfall freigesetzten Endotoxine wirken ähnlich, können aber in schweren Fällen zu dem, den ganzen Körper betreffenden, gefährlichen Endotoxinschock führen.

Welche der nachfolgenden Aussagen läßt sich aus diesen Informationen ableiten?

(A) In bestimmten Fällen von Endotoxinfreisetzung kommt es nicht zu einem Endotoxinschock.
(B) Hyaluronidase kann in hohen Konzentrationen einen Endotoxinschock hervorrufen.
(C) Das Enzym Streptokinase führt nur in Ausnahmefällen zu einer Entzündung.
(D) Der Vermehrungsmechanismus der zahlreichen Bakterienarten ist variabel.
(E) Endotoxine führen nur in schweren Fällen zu einer Gewebsnekrose.

29) Die Entleerung des gefüllten Magens in den Dünndarm erfolgt durch rhythmische Kontraktionen der Magenmuskulatur. Die Aktivierung dieser Muskeln erfolgt über den Nervus vagus. Die Geschwindigkeit der Magenentleerung wird durch Hormone beeinflußt. Ist der Fettgehalt der durch den Magen in den Dünndarm gelangenden Speisen hoch, so kommt es im Dünndarm zu einer sauren Reaktion, was dort zur Ausschüttung von Sekretin, Gastrin und Cholezystokinin führt. Diese Hormone gelangen über den Blutweg zum Magen und bewirken dort eine Verlangsamung des Kontraktionsrhythmus. Parasympatholytika sind Medikamente, die die Aktivität des Nervus vagus hemmen, Parasympathomimetika steigern die Aktivität des Nervus vagus.

Welche der nachfolgenden Maßnahmen führen demnach dazu, daß der Magen nach den Malzeiten schneller entleert wird?

I. Absetzen eines bisher eingenommenen Parasympathomimetikums
II. Absetzen eines bisher eingenommenen Parasympatholytikums.
III. Umstellung auf fettärmere Ernährung.

(A) Nur die Maßnahme I.
(B) Nur die Maßnahme II.
(C) Nur die Maßnahme III.
(D) Nur die Maßnahmen I und III.
(E) Nur die Maßnahmen II und III.

28) Lösung: (A)

(A) Richtig. Endotoxine können in schweren Fällen zu einem Endotoxinschock führen. Das heißt, daß dies in leichteren Fällen nicht zu erwarten ist.
(B) Falsch. Hyaluronidase gehört zu den von Bakterien abgegebene Enzymen. Die Entstehung eines Endotoxinschocks wird dagegen nur als Wirkung der beim Bakterienzerfall freigesetzten Endotoxine beschrieben.
(C) Falsch. Streptokinase wird uneingeschränkt als zu einer Entzündung führend beschrieben.
(D) Falsch. Es geht im Text nicht um den Vermehrungsmechanismus, sondern um den Schädigungsmechanismus.
(E) Falsch. Die Endotoxine wirken ähnlich, wie die bakteriellen Enzyme und die Ektotoxine, das heißt, daß sie nicht nur in Ausnahmen zur Gewebsnekrose führen.

29) Lösung: (E).

I. Falsch. Die Einnahme des Parasympathomimetikums führt zu einer verstärkten Aktivität des Nervus vagus und damit zu einer beschleunigten Magenentleerung. Absetzen dieses Medikaments hat demnach den umgekehrten Effekt und führt zu einer Verlangsamung der Magenentleerungen.
II. Richtig. Das Parasympatholytikum hat die Aktivierungsfunktion des Nervus vagus bisher gehemmt, was zu einer verlangsamten Magenentleerung führte. Wird dieses Medikament abgesetzt, so aktiviert der Nervus vagus die Magenmuskulatur wieder ungehemmt, wodurch der Magen beschleunigt entleert wird.
III. Richtig. Fettreiche Nahrung führt auf hormonellem Wege zu einer Verlangsamung der Magenentleerung. Demnach führt eine Umstellung auf fettärmere Ernährung zu einer beschleunigten Magenentleerung.

30) Jede der beiden Herzhälften besteht aus einem Vorhof und einer Kammer. Das Blut durchfließt Körper und Herz in dieser Reihenfolge: Körperkreislauf, rechter Vorhof, rechte Kammer, Lungenkreislauf, linker Vorhof, linke Kammer, Körperkreislauf. Die Flußrichtung ergibt sich durch das Zusammenspiel vier ventilartiger Klappen im Herzen, wobei jeweils eine sogenannte Segelklappe zwischen Vorhof und Kammer liegt und jeweils eine Taschenklappe am Ausgang der beider Kammern. Während der Anspannungsphase des Herzens sind nur die beiden Segelklappen geschlossen, so daß das Blut nur in Richtung der Kreisläufe und nicht zurück in die Vorhöfe gepreßt wird. Während der Erschlaffungsphase dagegen sind nur die beiden Taschenklappen geöffnet, so daß sich die Kammern nur mit dem Blut aus den Vorhöfen füllen.

Welche Ventilklappe schließt nicht mehr vollständig, wenn es zu einem Blutstau in den Lungen kommt?

(A) Die rechte Segelklappe.
(B) Die linke Segelklappe.
(C) Die rechte Taschenklappe.
(D) Es müssen mehrere Klappen geschädigt sein.
(E) Ein Blutstau in der Lunge kann nicht durch eine Klappenschädigung erklärt werden.

31) Das Antibiotikum I wirkt gegen die Erreger der Krankheiten A und B und C. Das Antibiotikum II wirkt gegen die Erreger der Krankheiten A und C. Das Antibiotikum III wirkt gegen die Erreger der Krankheit B und D, das Antibiotikum IV schließlich wirkt gegen die Erreger der Krankheit C und D. Die Antibiotika I und III haben in manchen Fällen die Nebenwirkung die Symptome der Erkrankungen A und D zu verstärken. Das Antibiotikum II hat manchmal die Nebenwirkung die Symptome der Erkrankung B zu verstärken, während beim Antibiotikum IV keine Nebenwirkungen bekannt sind.

Welches Antibiotikum sollte ein Arzt diesen Informationen zufolge einem Patienten verschreiben, der mit Sicherheit die Erkrankung C hat und der mit einiger Wahrscheinlichkeit auch von Erregern der Krankheit A befallen ist?

(A) Antibiotikum I
(B) Antibiotikum II
(C) Antibiotikum III
(D) Antibiotikum IV
(E) Es sind zur Behandlung mehrere Antibiotika notwendig.

30) Lösung: (B).

(A) Falsch. Würde die rechte Segelklappe nicht mehr schließen, so würde sich ein Blutstau vor und in dem rechten Vorhof ergeben, da in der Anspannungsphase das Blut aus der rechten Kammer auch zurück in den Vorhof gelangen könnte.
(B) Richtig. In der Anspannungsphase wird jetzt jeweils ein Teil des Blutes aus der linken Kammer durch die offene, linke Segelklappe zurück in den linken Vorhof und den Lungenkreislauf gepreßt. Da das Blut aus der rechten Kammer ebenfalls in den Lungenkreislauf gepumpt wird, bildet sich dort der Blutstau.
(C) Falsch. Wäre die rechte Taschenklappe während der Erschlaffungsphase undicht, würde Blut aus dem Lungenkreislauf zurückfließen, was insgesamt eher zu einer verringerten Füllung des Lungenkreislaufs führen würde.
(D) Falsch. Der Rückstau kann durch die alleinige Schädigung der linken Segelklappe entsprechend (B) erklärt werden.
(E) Falsch. Siehe (B).

31) Lösung: (B).

Die mit Sicherheit vorliegende Erkrankung C kann mit den Antibiotika I, II und IV behandelt werden. Um auch die eventuell vorhandenen Erreger der Krankheit A zu bekämpfen, sollte Antibiotikum I oder II verschrieben werden. Da das Antibiotikum I aber in manchen Fällen als Nebenwirkung die Symptome der Krankheit A verstärkt, bleibt das Antibiotikum II als beste Lösung.

32) Das vegetative Nervensystem gliedert sich funktionell in den Sympathikus und den Parasympathikus. Der Herzmuskel erhält regelmäßig Reize sowohl vom Sympathikus als auch vom Parasympathikus. Bei normaler Aktivität stehen die beiden Anteile in einem Gleichgewicht. Wird die Herzschlagfrequenz zum Beispiel bei körperlicher Arbeit erhöht, so hat die Reizung durch den Sympathikus größere Anteile, während der parasympathische Tonus mehr in den Hintergrund tritt. Soll die Herzfrequenz dagegen während einer Schlafphase erniedrigt werden, sind die Verhältnisse umgekehrt. Bei einem Patienten mit stark verlangsamter Herzschlagfrequenz (Bradykardie) wird ein Hirntumor festgestellt, der den Schädelinnendruck erhöht.

Welche/r der folgenden Zusammenhänge sind bzw. ist geeignet, die Bradykardie als Folge des Hirntumors zu erklären?

I. Der Tumor hat das parasympathische Impulszentrum zerstört.
II. Der Tumor setzt eine sympathikushemmende Substanz frei.
III. Die Blut- und damit die Sauerstoffversorgung des Gehirns ist durch den Tumor eingeschränkt, was die Sympathikusaktivität stärker einschränkt als die Parasympathikusaktivität.

(A) Nur der Zusammenhang I ist zur Erklärung geeignet.
(B) Nur der Zusammenhang II ist zur Erklärung geeignet.
(C) Nur der Zusammenhang III ist zur Erklärung geeignet.
(D) Nur die Zusammenhänge I und II sind zur Erklärung geeignet.
(E) Nur die Zusammenhänge II und III sind zur Erklärung geeignet.

33) Viren sind sehr kleine Infektionserreger, die weder eine eigene Zellstruktur, noch einen eigenen Stoffwechsel besitzen. Sie bestehen im wesentlichen aus einem dünnen Eiweißmantel, der als Hauptbestandteil die Erbinformation in Form der Virusnukleinsäure umschließt. Viren können sich ausschließlich in lebenden Zellen anderer Lebewesen vermehren. Dabei haben sich die meisten Viren auf den Befall von Zellen bestimmter Lebewesen spezialisiert. Trifft ein Virus auf eine passende Zelle, so setzt es sich außen fest und löst an dieser Stelle die Zellmembran durch ein Enzym auf. Die so in die Wirtszelle gelangte Virusnucleinsäure bewirkt eine derart weitreichende Stoffwechselumstellung, daß in der befallenen Zelle nun neue infektionsfähige Viren produziert werden. Ist der Produktionsvorrat der Zelle erschöpft, bringt die Vielzahl der entstandenen Viren die Zelle zum platzen, mit der Folge, daß jedes freigewordene Virus eine neue Zelle befallen kann.

Welche der nachfolgenden Aussagen ist diesen Informationen zufolge richtig?

(A) Viren besitzen nur zeitweise einen eigenen Stoffwechsel.
(B) Trifft ein Virus auf eine Zelle, so findet eine Infektion statt.
(C) Die Nukleinsäure der Viren enthält deren Erbinformation
(D) Bei der Infektion löst das Virus seinen Eiweißmantel durch ein Enzym auf.
(E) Viren besitzen eine relativ einfache Zellstruktur.

32) Lösung: (E).

I. Falsch. Da die parasympathischen Impulse zu einer Verlangsamung der Herzschlagfrequenz führen, würde eine Zerstörung des parasympathischen Zentrums das Gegenteil bewirken.
II. Richtig. Da der Sympathikus die Herzschlagfrequenz beschleunigt, kann die Bradykardie durch seine Hemmung zustande kommen.
III. Richtig. Wird die herzfrequenzbeschleunigende sympathische Aktivität stärker eingeschränkt als die herzfrequenzhemmende parasympathische Aktivität, führt dies zu einer Bradykardie.

33) Lösung: (C).

(A) Falsch. Viren besitzen keinen eigenen Stoffwechsel. Bei ihrer Vermehrung bedienen sie sich des Stoffwechsels der befallenen Zelle, den sie entsprechend beeinflußen.
(B) Falsch. Zu allgemein, da sich die meisten Viren auf ganz bestimmte Lebewesen spezialisiert haben.
(C) Richtig laut Text.
(D) Falsch. Das Virus löst die Zellmembran der Wirtszelle durch ein Enzym auf.
(E) Viren besitzen überhaupt keine Zellstruktur.

34) Die 33 Wirbel des Rückenmarks werden von oben nach unten in sieben Halswirbel (C I bis C VII), zwölf Brustwirbel (Th I bis Th XII), 5 Lendenwirbel (L I bis L V), 5 zum Kreuzbein verwachsene Sakralwirbel (S I bis S V) und 4 Steißwirbel (Co I bis Co IV) unterteilt. Das sich im Wirbelkanal der Wirbelsäule befindende Rückenmark wird in 31 Segmente unterteilt, die von oben nach unten entsprechend den Wirbeln in Hals- (C_1 bis C_8), Brust- (Th_1 bis Th_{12}), Lenden- (L_1 bis L_5), Sakral- (S_1 bis S_5) und Steißsegmente (Co_1) bezeichnet werden. Abweichend von der Wirbeleinteilung gibt es jedoch 8 Halssegmente gegenüber 7 Halswirbeln und nur ein Steißsegment gegenüber mehreren Steißwirbeln. Von jedem der 31 Rückenmarksegmenten geht ein Spinalnervenpaar ab. Die 31 Spinalnervenpaare verlassen den Wirbelkanal jeweils oberhalb der 31 obersten Wirbel.

Welche der nachfolgenden Aussagen läßt bzw. lassen sich diesen Informationen zufolge ableiten?

Das Spinalnervenpaar, das dem ...

I. Segment Co_1 entspringt, verläßt den Wirbelkanal oberhalb des Wirbels Co I.

II. Segment Th_8 entspringt, verläßt den Wirbelkanal oberhalb des Wirbels Th VIII.

III. Segment C_8 entspringt, verläßt den Wirbelkanal oberhalb des Wirbels Th I.

(A) Nur die Aussage I läßt sich ableiten.
(B) Nur die Aussage II läßt sich ableiten.
(C) Nur die Aussage III läßt sich ableiten.
(D) Nur die Aussagen I und III lassen sich ableiten.
(E) Alle drei Aussagen lassen sich ableiten.

34) Lösung: (C).

Da die 31 Spinalnervenpaare den Wirbelkanal jeweils oberhalb der 31 obersten Wirbel verlassen, verlaufen die oberen 7 Halsspinalnerven jeweils oberhalb des Wirbels, der die gleiche Bezeichnung hat, wie ihr Ursprungssegment. Das Spinalnervenpaar des Segmentes C_8 verläuft jedoch, da es keinen Wirbel C VIII gibt oberhalb des Wirbels Th I nach außen. Das Spinalnervenpaar Th_1 verläuft demnach unterhalb des Wirbels Th I nach außen und alle darunterliegenden Spinalnerven auch jeweils unterhalb der Wirbel, die die ihrem Ursprungssegment entsprechende Bezeichnung haben.
Daraus ergibt sich:

I. Falsch. Das dem Segment Co_1 entspringende Spinalnervenpaar verläßt unterhalb des Wirbels Co I den Wirbelkanal.
II. Falsch. Das dem Segment Th_8 entspringende Spinalnervenpaar verläßt unterhalb des Wirbels Th VIII den Wirbelkanal.
III. Richtig. Dem Segment C_8 steht kein Wirbel der gleichen Bezeichnung gegenüber, so daß es oberhalb des auf C VII folgenden Wirbels den Wirbelkanal verläßt, und das ist der Wirbel Th I.

35) Bei der Bauchspeicheldrüse (Pankreas) kann ein anteilig weitaus größerer exokriner und ein kleinerer endokriner Anteil unterschieden werden. Dem exokrinen Pankreasgewebe kommt die Funktion zu, Verdauungsenzyme zu bilden und an den Zwölffingerdarm abzugeben. Der endokrine Anteil liegt als sogenannte Langerhanssche Inseln im exokrinen Gewebe verteilt vor. Innerhalb der Langerhansschen Inseln unterscheidet man mehrere Zellarten, wobei es sich bei rund 80% um die sogenannten B-Zellen handelt. In ihnen wird das Hormon Insulin produziert, dessen Ausscheidung bei einem über den Normalwert (70 - 110 mg/dl) steigenden Blutzuckerspiegel dafür sorgt, daß Zucker aus dem Blut abgebaut wird. Die Ausscheidung des in den A-Zellen der Langerhansschen Inseln produzierten Hormons Glucagon sorgt dafür, daß bei einem unter den Normalwert gesunkenen Blutzuckerspiegel wieder Zucker ins Blut freigesetzt wird.

Welche der nachfolgenden Aussagen läßt bzw. lassen sich diesen Informationen zufolge ableiten?

I. Bei einem Absinken des Blutzuckerspiegels unter 70 mg/dl wird verstärkt das Hormon der A-Zellen freigesetzt.
II. Die Bauchspeicheldrüse besteht zum größten Teil aus B-Zellen.
III. Der Zwölffingerdarm erhält Verdauungsenzyme aus bestimmten Zellen der Langerhansschen Inseln.

(A) Nur die Aussage I läßt sich ableiten.
(B) Nur die Aussage II läßt sich ableiten.
(C) Nur die Aussage III läßt sich ableiten.
(D) Nur die Aussagen I und III lassen sich ableiten.
(E) Alle drei Aussagen lassen sich ableiten.

35) Lösung: (A).

I. Richtig. Das Hormon der A-Zellen, Glucagon, hat die Aufgabe, wieder Zucker ins Blut freizusetzen, was bei einem Blutzuckerspiegel unter 70 mg/dl dringend notwendig ist.

II. Falsch. Die Bauchspeicheldrüse besteht zum größten Teil aus exokrinem Gewebe. Lediglich von dem kleineren endokrinen Anteil bilden die B-Zellen den größten Teil (80%).

III. Falsch. Die Verdauungsenzyme stammen ausschließlich aus dem exokrinen Anteil der Bauchspeicheldrüse, während die Langerhansschen Inseln den endokrinen Anteil bilden.

36) Als hämatogene Metastasierung bezeichnet man die Verschleppung von Tumorzellen aus dem Ursprungsgebiet über den Blutweg und ihr An- und Weiterwachsen an anderen Körperstellen. Die meisten mobilen Tumorzellen brechen in Lymphgefäße ein und gelangen über diese ins Blutsystem. Manche Tumore wachsen aber auch direkt durch die Wände kleiner Venen in diese Blutgefäße ein. Im Blutsystem werden die meisten Tumorzellen binnen eines Tages zerstört. Manche verklumpen aber mit Thrombozyten und Fibrin zu Tumoremboli und sind dann derart eingeschlossen, daß keine Fremdzellabwehrstoffe des Blutes sie mehr erreichen können. Bleiben solche Tumoremboli in der Gefäßperipherie stecken, wandern die Tumorzellen allmählich aus. Nachdem sie das Gewebe der Gefäßumgebung durch Proteasen aufgeweicht haben, wachsen sie dort ein und bauen sich mit Hilfe von Angiogenin, das sie selbst produzieren, ihr eigenes Gefäßsystem auf.

Welche der nachfolgenden Aussagen läßt sich aus diesen Informationen ableiten?

(A) Bei der hämatogenen Metastasierung werden meist auch Lymphgefäße als Verschleppungsweg benutzt.
(B) Im Blutsystem werden die meisten Tumorzellen durch Thrombozyten und Fibrin zerstört.
(C) Tumorzellen wandern aus Tumoremboli aus, nachdem sie diese durch Proteasen aufgeweicht haben.
(D) Angiogenin ist eine Protease, die von Tumorzellen produziert werden kann.
(E) Werden Tumorzellen aus ihrem Ursprungsgebiet an andere Körperstellen verschleppt, bezeichnet man dies als hämatogene Metastasierung.

37) Unterteilt man die Stoffgruppen, aus denen der menschliche Körper besteht, in anorganische und organische, ergibt sich ein Massenverhältnis von ungefähr 2 zu 1. Die anorganischen Bestandteile sind Wasser und Mineralstoffe. Außer in den Körperflüssigkeiten findet sich vor allem in den Muskeln ein relativ hoher Wassergehalt (70 %). Knochen enthalten relativ wenig Wasser, haben dafür aber einen großen Mineralstoffgehalt (27 %). Proteine, Lipide, Kohlenhydrate und Nucleinstoffe bilden die mengenmäßig wichtigsten organischen Stoffgruppen. Den Proteinen, Kohlenhydraten und Nucleinstoffen ist gemeinsam, daß ihre Makromoleküle (Polymere) im Körper in kleine Einheiten zerlegt werden können, um transportiert zu werden oder als unmittelbare Stoffwechselsubstrate zu dienen.

Welche Aussage läßt sich diesen Informationen zufolge ableiten?

(A) Nucleinstoffe können in Polymerform als unmittelbare Stoffwechselsubstrate dienen.
(B) 27 % der Mineralstoffe des Körpers sind in den Knochen.
(C) Lipide bestehen aus zerlegbaren Polymeren.
(D) Der menschliche Körper enthält mehr anorganische Stoffgruppen als organische.
(E) Die menschlichen Muskeln bestehen zu höchstens 30 % aus organischen Substanzen.

36) Lösung: (A).

(A) Richtig. Die meisten mobilen Tumorzellen brechen in Lymphgefäße ein und gelangen so ins Blutsystem.
(B) Falsch. Mit Thrombozyten und Fibrin verklumpen die Tumorzellen lediglich, zerstört werden sie durch die Fremdzellabwehrstoffe.
(C) Falsch. Durch die Proteasen wird nach der Auswanderung aus den Tumoremboli die Gefäßumgebung aufgeweicht.
(D) Falsch. Daß Angiogenin eine Protease ist steht nicht im Text, läßt sich also nicht ableiten.
(E) Falsch. Eine hämatogene Metastasierung liegt nur vor, wenn bei der Verschleppung der Tumorzellen der Blutweg benutzt wurde.

37) Lösung: (E).

(A) Falsch. Nur wenn sie in kleine Einheiten zerlegt werden.
(B) Falsch. Der Mineralstoffgehalt in den Knochen beträgt 27 %, d.h. Knochen bestehen zu 27 % aus Mineralstoffen. Wieviel Prozent des Gesamtkörpergehaltes an Mineralstoffen in den Knochen ist wird nicht ausgesagt.
(C) Falsch. Nur die anderen drei genannten organischen Stoffgruppen.
(D) Falsch. Das Verhältnis 2 zu 1 bezieht sich auf die Massen der Stoffgruppen, nicht auf deren Anzahl.
(E) Richtig. Da die Muskeln zu 70 % aus dem anorganischen Wasser bestehen, können sie höchstens noch zu 30 % aus organischen Stoffen bestehen.

38) Anämien sind Blutmangelerkrankungen, bei denen entweder zuwenig Erythrozyten (rote Blutkörperchen) im Blut vorhanden sind oder zuwenig Hämoglobin. Hämoglobin ist ein für den Sauerstofftransport wichtiger Bestandteil der Erythrozyten. Die Folge, daß das Blut seine Sauerstoffverteilungsfunktion nur noch eingeschränkt wahrnehmen kann, ist in beiden Fällen die gleiche. Der durchschnittliche Hämoglobinanteil des einzelnen Erythrozyten stellt für die Beurteilung von Anämien eine wichtige diagnostische Größe dar. Dieser sogenannte Färbekoeffizient wird dadurch ermittelt, daß man die in einem bestimmten Blutvolumen enthaltene Hämoglobinmasse durch die Erythrozytenanzahl des gleichen Blutvolumens dividiert. Normalerweise beträgt der Färbekoeffizient 31 Picogramm, das heißt, daß diese Menge Hämoglobin in einem Erythrozyten enthalten ist. Erythrozyten mit normalem Färbekoeffizienten werden als normochrom bezeichnet. Bei Erniedrigung des Färbekoeffizienten spricht man von hypochromen, bei Erhöhung von hyperchromen Erythrozyten.

Welche der nachfolgenden Aussagen trifft bzw. treffen diesen Informationen zufolge bei einen Patienten zu, dessen Erythrozyten hyperchrom sind?

I. Ein Erythrozyt enthält im Durchschnitt mehr als 31 Picogramm Hämoglobin.
II. Der Patient hat pro ml Blut mehr Hämoglobin als ein Mensch mit normochromen Erythrozyten.
III. Der Patient hat möglicherweise eine Anämie.

(A) Nur Aussage I trifft zu.
(B) Nur Aussage II trifft zu.
(C) Nur Aussage III trifft zu.
(D) Nur Aussagen I und II treffen zu.
(E) Nur Aussage I und III treffen zu.

38) Lösung: (E).

I. Richtig. Sind die Erythrozyten hyperchrom bedeutet dies, daß der Färbekoeffizient erhöht ist, also durchschnittlich über dem Normalwert 31 Picogramm.

II. Falsch. Dies kann nicht beurteilt werden, weil die Hämoglobinmenge pro Volumen auch von der hier unbekannten Erythrozytenanzahl pro Volumen abhängig ist.

III. Richtig. Obwohl ein Erythrozyt relativ viel Hämoglobin enthält, kann durch einen ausgeprägten Erythrozytenmangel eine Anämie vorliegen.

39) Die von einer Zelle aus den angebotenen Nährstoffen umgesetzte Energie pro Zeit bezeichnet man als ihren Energieumsatz. Wird ihre Möglichkeit der Energiegewinnung z.B. durch eine mangelnde Sauerstoffversorgung begrenzt, unterscheidet man drei Umsatzgrößen: Als Tätigkeitsumsatz wird der Energieumsatz bezeichnet, der ausreicht, um die aktive Zelle ausreichend zu versorgen. Beispielsweise steigt der Energieumsatz arbeitender Muskelzellen bis auf das 30-fache ihres Bereitschaftsumsatzes. Als Bereitschaftsumsatz wird der Energieumsatz bezeichnet, den eine Zelle mindestens benötigt, um ihre volle Funktionsbereitschaft sicherzustellen (wobei diese Funktion nur mit dem Tätigkeitsumsatz tatsächlich ausgeführt werden könnte). Der Strukturerhaltungsumsatz stellt schließlich den minimalen Energieumsatz dar, der auf Dauer erforderlich ist, um die Zelle überhaupt am Leben zu erhalten. Für das Gehirn beträgt er 10 bis 15% des Tätigkeitsumsatzes.

Welche der nachfolgenden Aussagen läßt bzw. lassen sich aus diesen Informationen ableiten?

Unter zur Verfügungstellung ...

I. ...des Bereitschaftumsatzes kann eine Zelle dauerhaft aktiv sein.
II. ...von 15% seines Tätigkeitsumsatzes, bleibt das Gehirn funktionsbereit.
III. ...von weniger als dem 30-fachen ihres Bereitschaftsumsatzes kann eine Muskelzelle in ihrer Aktivität eingeschränkt sein.

(A) Nur die Aussage I läßt sich ableiten.
(B) Nur die Aussage II läßt sich ableiten.
(C) Nur die Aussage III läßt sich ableiten.
(D) Nur die Aussagen II und III lassen sich ableiten.
(E) Keine der Aussagen läßt sich ableiten.

39) Lösung: (C).

I. Falsch. Dazu benötigt sie den Tätigkeitsumsatz.

II. Falsch. Es wird bei diesem Energieumsatz gerade am Leben erhalten. Dies entspricht nicht dem Bereitschaftsumsatz, bei dem die Funktionsbereitschaft erhalten bleibt.

III. Richtig. Der Energieumsatz einer Muskelzelle kann bei Aktivität bis auf das 30-fache des Bereitschaftsumsatzes steigen, so daß bei einer geringeren Versorgung die Aktivität eingeschränkt sein kann.

40) Die Gallenblase ist eine birnenförmige Aussackung des von der Leber in den Dünndarm ableitenden Kanals. Bis zur Gallenaussackung heißt dieser Kanal Ductus hepaticus, im weiteren Verlauf zum Dünndarm Ductus choledochus. Der zur Gallenblase führende, abzweigende Teil wird Ductus cysticus genannt. Die in der Leber laufend stattfindende Produktion von Gallenflüssigkeit wird während der Verdauungsphase verdoppelt. In dieser Phase wird die Gallenflüssigkeit direkt aus der Leber über den Ductus hepaticus und den Ductus choledochus in den Dünndarm abgeleitet. Die in der Verdauungsruhephase aus der Leber abgegebene Gallenflüssigkeit wird in stark eingedickter Form in der Gallenblase eingelagert. Dieser Vorrat wird während der Verdauungsphase ebenfalls in den Dünndarm abgegeben.

Welche der nachfolgenden Aussagen ist diesen Informationen zufolge falsch?

(A) Der Ductus choledochus wird während Verdauungsruhephasen nicht benutzt.
(B) Der Ductus cysticus wird während der Verdauungsruhephasen nicht benutzt.
(C) Während der Verdauungsphasen fließt Gallenflüssigkeit vom Ductus cysticus in den Ductus choledochus.
(D) Während einer Verdauungsphase gelangt in den Dünndarm mehr Gallenflüssigkeit, als gleichzeitig produziert wird.
(E) Während Verdauungsruhephasen wird in der gleichen Zeit nur halb soviel Gallenflüssigkeit produziert wie in Verdauungsphasen.

41) Das Fassungsvermögen der Harnblase beträgt beim Erwachsenen ca. einen Liter, der Drang zur Blasenentleerung (Miktion) tritt allerdings schon bei einer Füllung von 150 ml Urin auf. Dies geschieht dadurch, daß der Füllungszustand über Dehnungsrezeptoren in der Blasenwand registriert und über Nervenfasern des Rückenmarks an das Reflexzentrum des Gehirns gemeldet wird. Steigt das Füllungsvolumen über 150 ml an, so nimmt die Frequenz der Nervenimpulse zu, wodurch der Drang zur Blasenentleerung ausgelöst wird. Die Blasenwand besteht aus Muskelschichten, die am Blasenausgang in den inneren Schließmuskel übergehen. Die Kontraktion dieser Muskeln führt zur Verengung des Blasenvolumens und gleichzeitig zum Öffnen des inneren Schließmuskels. Die Miktion wird an sich zwar vom Reflexzentrum des Gehirns und damit unwillkürlich ausgelöst, sie kann aber von der Großhirnrinde aus willentlich eine zeitlang unterdrückt werden.

Bei einer Rückenmarksverletzung wurde die Nervenverbindung der Harnblase zur Großhirnrinde und zum Reflexzentrum durchtrennt.
Welche der nachstehenden Folgen ist bzw. sind zu erwarten?

I. Es kommt nicht mehr zum Drang der Miktion.
II. Die Blase füllt sich bis zu ihrem maximalen Fassungsvermögen.
III. Die Harnblase entleert sich bei einer Füllung von 150 ml unwillkürlich.

(A) Nur die Folge I ist zu erwarten.
(B) Nur die Folge II ist zu erwarten.
(C) Nur die Folge III ist zu erwarten.
(D) Nur die Folgen I und II zu erwarten.
(E) Nur die Folgen I und III sind zu erwarten.

40) Lösung: (B).

(A) Richtig. Gallenflüssigkeit gelangt nur während der Verdauungsphasen in den Dünndarm, so daß der in den Dünndarm mündende Ductus choledochus während der Verdauungsruhephasen nicht benutzt wird.
(B) Falsch. Während der Verdauungsruhephasen fließt die in der Leber produzierte Gallenflüssigkeit über den Ductus hepaticus und den Ductus cysticus in die Gallenblase, wo sie in eingedickter Form gespeichert wird.
(C) Richtig. Die in der Galle gespeicherte Gallenflüssigkeit fließt während den Verdauungsphasen über den Ductus cysticus und den Ductus choledochus in den Dünndarm.
(D) Richtig. Während der Verdauungsphasen wird zusätzlich zu der in der Leber produzierten Gallenflüssigkeit auch der Vorrat aus der Gallenblase in den Dünndarm abgegeben.
(E) Richtig. Die in der Leber laufend stattfindende Produktion von Gallenflüssigkeit wird während der Verdauungsphasen verdoppelt, das heißt, daß während Verdauungsruhephasen in der gleichen Zeit nur halb soviel Gallenflüssigkeit produziert wird.

41) Lösung: (D).

I. Richtig. Da der Dehnungszustand nicht mehr über das Rückenmark ins Reflexzentrum des Gehirns übertragen werden kann, kommt es auch nicht mehr zum Blasenentleerungsdrang.
II. Richtig. Der innere Schließmuskel öffnet sich nur bei Kontraktion. Da aufgrund der Durchtrennung des Rückenmarks weder unwillkürliche (ausgelöst im Reflexzentrum des Gehirns) noch willkürliche (ausgelöst in der Großhirnrinde) Entleerung durch Kontraktion des inneren Schließmuskels mehr möglich ist, kann sich die Harnblase nicht mehr entleeren.
III. Falsch. Da die Verbindung zum Reflexzentrum im Gehirn unterbrochen ist, kann keine unwillkürliche (reflektorische) Entleerung mehr stattfinden.
Bei Querschnittsgelähmten ist es tatsächlich so, daß sich der vollständig unwillkürliche Miktionsreflex erst einige Wochen nach der Verletzung einstellt, weil sich der unterbrochene Reflexbogen dann - wie beim Säugling - über das sakrale Rückenmark wieder geschlossen hat. In der Zwischenzeit muß die Blase über einen eingeführten Katheter entleert werden.

42) Zu einem akuten Mangel an den positiv geladenen Ca^{2+}-Ionen kann es im Blutplasma kommen, wenn in extremen Angstzuständen zu schnell geatmet wird (Hyperventilation). Bei diesem Vorgang wird vermehrt CO_2 aus dem Blutplasma abgeatmet, was den Plasma-pH-Wert erhöht. Eine Erhöhung des pH-Wertes bedeutet eine Verringerung der Konzentration der positiven H^+-Ionen, wodurch nun die anderen positiven Ionen verstärkt abgebunden werden und nicht mehr für ihre normalen Funktionen zur Verfügung stehen. Sinkt auf diese Weise die Konzentration der verfügbaren Ca^{2+}-Ionen im Blutplasma unter 2 mmol/l (Hypocalcämie), so kommt es zu Krampfanfällen (Tetanie), die sich mit weiter sinkender Ca^{2+}-Konzentration verstärken. In extremen Fällen wird schließlich durch Verkrampfung der Atemmuskulatur eine weitere Atmung verhindert. Dadurch steigt der CO_2-Gehalt im Körper wieder an, was eine Besserung der Tetanie zur Folge hat.

Bei welcher der nachfolgenden Maßnahmen wird sich eine durch Hyperventilation entstandene Tetanie <u>nicht</u> verbessern?

(A) Erhöhung des Plasma-pH-Wertes.
(B) Intravenöse Injektion von Ca^{2+}-Ionen.
(C) Erneutes Einatmen der ausgeatmeten Luft.
(D) Verlangsamung der Atemgeschwindigkeit.
(E) Erhöhung des CO_2-Gehalts des Plasmas.

43) Die Schilddrüse hat ihren Sitz im vorderen Halsbereich. Sie produziert unter Verwendung von Iod die Hormone Triiodthyronin (T_3) und Thyroxin (T_4) und gibt sie ins Blut ab. T_3 und T_4 bewirken in den meisten Körperzellen eine Beschleunigung des oxidativen Stoffwechselprozeßes. Dies betrifft insbesondere den Kohlenhydrat- und Fettstoffwechsel. Der Energieumsatz und der Sauerstoffverbrauch wird dadurch gesteigert. Einer Gewebevermehrung der Schilddrüse (Kropf) können verschiedene Ursachen zugrunde liegen: Es kann sich um einen Schilddrüsentumor handeln, durch den sich die Zellen der Schilddrüse unkontrolliert vermehrt haben und es zu einer Hormonüberproduktion (Hyperthyreose) gekommen ist. Es kann sich aber auch um einen langanhaltenden Iodmangel handeln, bei dem der Körper durch Vermehrung des Schilddrüsengewebes erfolglos versucht hat, die entstandene Hormonunterproduktion (Hypothyreose) auszugleichen.

Welche/s der nachfolgenden Untersuchungsergebnisse lassen bzw. läßt bei einem Kropfpatienten auf einen Iodmangel als auslösende Ursache schließen?

I. Feststellung einer niedrigen T_3 - und T_4 - Konzentration im Blut.
II. Feststellung eines erhöhten Sauerstoffverbrauches.
III. Feststellung einer Hyperthyreose.

(A) Nur das Untersuchungsergebnis I.
(B) Nur das Untersuchungsergebnis II.
(C) Nur das Untersuchungsergebnis III.
(D) Nur das Untersuchungsergebnis I und III.
(E) Keines der Untersuchungsergebnisse.

42) Lösung: (A).

(A) Keine Verbesserung. Der durch die Hyperventilation bereits erhöhte Plasma-pH-Wert bewirkt durch den entstehenden Ca^{2+}-Mangel die Tetanie. Eine weitere Erhöhung des Plasma-pH-Wertes wird die Tetanie also eher verschlimmern.
(B) Verbesserung. Der akute Ca^{2+}-Mangel, der die Tetanie verursacht, wird durch diese Maßnahme behoben.
(C) Verbesserung. Das abgeatmete CO_2 wird zum Teil wieder eingeatmet, was zu einer Normalisierung des Plasma-pH-Wertes und damit zu einer Behebung der akuten Hypocalcämie führen kann.
(D) Verbesserung. Der Plasma-pH-Wert kann sich normalisieren.
(E) Verbesserung. Durch die Abatmung des Plasma-CO_2 entstand die folgenschwere pH-Wert-Erhöhung. Wird der Plasma-CO_2-Gehalt wieder erhöht, kommt es zur Besserung der Tetanie.

43) Lösung: (A).

I. Richtig. Niedrige T_3 - und T_4 - Konzentrationen im Blut sind Zeichen einer Hypothyreose, was Anzeichen eines Iodmangels, nicht aber eines Schilddrüsentumors ist.
II. Falsch. Das Steigern des Sauerstoffverbrauches ist eine Wirkung der Schilddrüsenhormone. Ist der Sauerstoffverbrauch erhöht, liegt also eher eine Hyperthyreose vor, was weniger auf einen Iodmangel, als vielmehr auf einen Tumor schließen läßt.
III. Falsch. Hyperthyreose kann Folge eines Tumors, nicht aber eines Iodmangels sein.

44) Die vom Körper umgesetzte Energie (Energieumsatz) steigt nicht nur bei Muskelarbeit, sondern auch nach Nahrungsaufnahme und bei Erniedrigung der Umgebungstemperatur unter eine normale Zimmertemperatur von ca. 20° (bei leichter Kleidung). Als Grundumsatz eines Menschen bezeichnet man den Energieumsatz, der nach zwölfstündigem Nahrungsverzicht in körperlicher Ruhe bei Zimmertemperatur gemessen wird. Der Grundumsatz beträgt bei einem 20jährigen Mann pro Kilogramm und Stunde 4,2 kJ. Ein 70 kg schwerer Mann dieses Alters hat demnach einen Grundumsatz von ca. 7100 kJ pro Tag. Gleichschwere Frauen haben aufgrund ihres ausgeprägteren Unterhautfettgewebes einen niedrigeren Grundumsatz. Der Grundumsatz von Erwachsenen nimmt mit zunehmendem Alter ab.

Welche der nachfolgenden Aussagen läßt sich aus diesen Informationen ableiten?

(A) Der Grundumsatz eines Menschen steigt bei körperlicher Arbeit.
(B) 30jährige Frauen haben stets einen geringeren Grundumsatz als 20jährige Frauen.
(C) Eine 40jährige, 60 kg schwere Frau hat einen Grundumsatz, der unter 7100 kJ pro Tag liegt.
(D) Findet eine ansonsten korrekt durchgeführte Grundumsatzmessung in einem untertemperierten Zimmer statt, so ist der ermittelte Energieumsatz niedriger als der tatsächliche Grundumsatz.
(E) 10jährige haben einen höheren Grundumsatz als 20jährige.

45) Calcitonin und PTH (Parathyreotropes Hormon) spielen eine wesentliche Rolle bei der Regulation des Blut-Calcium-Spiegels, wobei diese beiden Hormone eine entgegengesetzte (antagonistische) Wirkung haben: Calcitonin senkt die Calciumkonzentration im Blut, PTH erhöht die Blut-Calcium-Konzentration. Die Ausschüttung von Calcitonin oder PTH wird jeweils durch eine ihrer Wirkung entgegengesetzte Abweichung der Blut-Calcium-Konzentration vom Normalwert gesteigert und bei einer ihrer Wirkung entsprechender Abweichung der Blut-Calcium-Konzentration vom Normalwert gedrosselt.

Welche der nachfolgenden Aussagen läßt bzw. lassen sich diesen Informationen zufolge ableiten?

I. Wird ins Blut PTH eingespritzt, steigt die Blut-Calcium-Konzentration.
II. Die Ausschüttung von Calcitonin wird durch das Einspritzen von Calcium ins Blut gesenkt.
III. Bei erniedrigtem Blut-Calcium-Spiegel wird die Calcitoninausschüttung gesenkt.
IV. Gehen die calcitoninproduzierenden Zellen zugrunde, so steigt die PTH-Ausschüttung.

(A) Nur die Aussage I und II lassen sich ableiten.
(B) Nur die Aussagen I und III lassen sich ableiten.
(C) Nur die Aussage I bis III lassen sich ableiten.
(D) Nur die Aussagen II und IV lassen sich ableiten.
(E) Nur die Aussagen III und IV lassen sich ableiten.

44) Lösung: (C).

(A) Falsch. Der momentane Energieumsatz steigt bei körperlicher Arbeit, nicht aber der Grundumsatz. Der Grundumsatz eines Menschen wird unter bestimmten, oben beschriebenen Bedingungen ermittelt. Er ist für einen Menschen eine feste Größe, die nicht kurzfristig veränderbar ist.

(B) Falsch. Da der Grundumsatz auch vom Gewicht abhängig ist, kann man nicht ausschließen, daß es 30jährige Frauen mit einem höheren Grundumsatz als 20jährige gibt.

(C) Richtig. Die 7100 kJ pro Tag beziehen sich auf den 20jährigen, 70 kg schweren Mann. Alle drei Unterschiede, nämlich
- daß es sich um eine Frau handelt,
- daß sie weniger wiegt als 70 kg,
- daß sie älter ist als 20 Jahre,

wirken sich dahingehend aus, daß der Grundumsatz sinkt.

(D) Falsch. Bei Erniedrigung der Umgebungstemperatur steigt der Energieumsatz. Der ermittelte Energieumsatz ist also höher als der tatsächliche Grundumsatz.

(E) Falsch. Die Aussage, daß der Grundumsatz mit zunehmendem Alter abnimmt, bezieht sich auf Erwachsene. Zudem ist das Alter nicht der einzige beeinflussende Faktor.

45) Lösung: (B).

I. Richtig. PTH erhöht den Blut-Calcium-Spiegel.

II. Falsch. Calcitonin senkt die Blut-Calcium-Konzentration und wird ausgeschüttet, wenn diese erhöht ist. Eine Calcium-Injektion erhöht also die Calcitonin-Ausschüttung.

III. Richtig. Calcitonin wird bei erniedrigter Blut-Calcium-Konzentration nicht benötigt, da es die Blut-Calcium-Konzentration weiter senken würde.

IV. Falsch. Nach Zugrundegehen der calcitoninproduzierenden Zellen steigt die Blut-Calcium-Konzentration, wodurch die Ausschüttung von PTH gesenkt wird.

46) Anatomisch gliedert sich der menschliche Körper in einen Stamm und vier Extremitäten. Der Stamm untergliedert sich wiederum in den Kopf (Caput), den Hals (Collum) und den Rumpf (Truncus). Der Rumpf schließlich untergliedert sich in Brustkorb (Thorax), Bauch (Abdomen) und Becken (Pelvis). Zur detaillierteren Unterscheidung gliedert man die Körperoberfläche in Gegenden (Regiones). Die Regio temporalis befindet sich z.B. am Kopf, die Regio sternocleidomastoidea am Hals und die Regio umbilicalis am Bauch, während sich die Regiones cubitorum und die Regiones femorium an den Extremitäten befinden.

Welche der nachfolgenden Aussagen ist demzufolge falsch?

(A) Die Regiones femorium befinden sich im Bereich der Beine.
(B) Der Bauch ist Teil des Stammes.
(C) Die Regio umbilicalis befindet sich an dem Truncus.
(D) Die Regio temporalis befindet sich in unmittelbarer Nachbarschaft zur Regio sternocleidomastoidea.
(E) Pelvis und Collum sind Teile des Rumpfes.

47) Für die Wahrnehmung einer Temperaturänderung an der Haut sind mehrere Faktoren von Bedeutung: Das Ausmaß der Temperaturänderung, die Größe der Reizfläche, die Geschwindigkeit der Temperaturänderung und die Ausgangstemperatur. Dabei wird eine Temperaturänderung um so deutlicher wahrgenommen, desto größer sie ist, desto größer die betroffene Hautfläche ist und desto schneller die Temperaturänderung vor sich geht. Eine Abkühlung wird außerdem um so deutlicher empfunden, je tiefer die Ausgangstemperatur war, und entsprechend wird eine Erwärmung um so deutlicher wahrgenommen, je höher die Ausgangstemperatur war.

Welche der nachfolgenden Aussagen läßt sich diesen Informationen zufolge ableiten?

Sind die anderen beeinflussenden Faktoren jeweils gleich, so...

I. ...wird eine Erwärmung um 3°C auf 25°C deutlicher wahrgenommen, als wenn die Ausgangstemperatur für diese Erwärmung 25°C betragen hätte.
II. ...wird eine Abkühlung, die eine kleine Hautfläche betrifft deutlicher wahrgenommen, als wenn eine große Hautfläche betroffen ist.
III. ...wird eine rasche Abkühlung ausgehend von 30°C weniger deutlich empfunden, als eine langsamere Abkühlung ausgehend von 15°C.

(A) Nur die Aussage I läßt sich ableiten.
(B) Nur die Aussage II läßt sich ableiten.
(C) Nur die Aussage III läßt sich ableiten.
(D) Nur die Aussagen I und III lassen sich ableiten.
(E) Keine der Aussagen läßt sich ableiten.

46) Lösung: (E).

(A) Die Ungültigkeit dieser Aussage läßt sich schon deshalb aus dem Text nicht ableiten, weil die Beine überhaupt nicht erwähnt werden.
(B) Die Aussage ist richtig, da der Bauch Teil des Rumpfes und dieser wiederum Teil des Stammes ist.
(C) Die Aussage ist richtig, da der Bauch Teil des Truncus ist.
(D) Auch diese Aussage kann anhand des Textes nicht als falsch beurteilt werden.
(E) Falsch. Das Collum (Hals) ist nicht Teil des Rumpfes.

47) Lösung: (E).

I. Falsch. Beträgt die Temperatur nach der Erwärmung 25°C, so war die Ausgangstemperatur 22°C. Eine Erwärmung wird aber um so deutlicher wahrgenommen, je höher die Ausgangstemperatur war. Die von 25°C ausgehende Erwärmung wird also deutlicher als die von 22°C ausgehende Erwärmung wahrgenommen.

II. Falsch. Um so größer die betroffene Hautfläche ist, desto deutlicher wird eine Temperaturänderung wahrgenommen.

III. Falsch. Da bei dem Vergleich zwei der beeinflussenden Faktoren, nämlich die Geschwindigkeit der Temperaturänderung und die Ausgangstemperatur, in der Art verändert sind, daß jeweils ein Faktor die Wahrnehmung deutlicher macht, der andere sie aber weniger deutlich macht, kann nicht entschieden werden, welche Art der Abkühlung insgesamt deutlicher wahrgenommen wird. Dazu müßte die Gewichtung der Faktoren bekannt sein. III kann also nicht aus dem Text abgeleitet werden.

48) Um bei gleichbleibender Kopfstellung festzustellen, aus welcher Richtung wahrgenommene Schallwellen kommen, ist beidohriges (binaurales) Hören Voraussetzung. Schallwellen, die von einer seitlich gelegenen Schallquelle ausgehen, erreichen das entferntere Ohr später (Laufzeitdifferenz) und weisen dort eine geringere Intensität (Pegeldifferenz) auf als beim näher gelegenen Ohr. Kommen Schallwellen nicht genau von vorne oder hinten, sondern davon um nur 3° abweichend, kann dies aufgrund der Laufzeitdifferenz von 3 einhunderttausendstel Sekunden sicher wahrgenommen werden. Ob Schallwellen von vorne oder aus einem entsprechenden Winkel von hinten kommen, kann durch eine charakteristische Dämfung der von hinten kommenden Schallwellen durch die Ohrmuscheln entschieden werden. Genügen Laufzeitdifferenz und Pegeldifferenz bei fixierter Kopfstellung nicht, um die Herkunftsrichtung des Schalles zu bestimmen, so wird unbewußt der Kopf gedreht und durch das empfundene Lauter- und Leiserwerden des Schalles die Herkunftsrichtung erkannt.

Welche der nachfolgenden Aussagen ist diesen Informationen zufolge falsch?

(A) Auch bei einseitiger Taubheit kann die Herkunftsrichtung des Schalles noch ermittelt werden.
(B) Kommen Schallwellen nicht genau von vorne oder hinten, besteht eine Laufzeitdifferenz.
(C) Ob Schallwellen von vorne oder im entsprechenden Winkel von hinten kommen, kann durch die Laufzeitdifferenz festgestellt werden.
(D) Ist die Laufzeitdifferenz größer als 3 einhunderttausendstel Sekunden, so kann der Schall nicht exakt von hinten kommen.
(E) In manchen Fällen führt erst das Drehen des Kopfes zum Erkennen der Herkunftsrichtung von Schallwellen.

48) Lösung: (C).

(A) Nicht falsch. Der erste Satz des Textes, wonach beidohriges Hören zur Richtungsfeststellung Voraussetzung ist, bezieht sich speziell auf eine gleichbleibende Kopfstellung. Somit kann (A) aufgrund des Textes nicht als falsch beurteilt werden.

(B) Richtig. Nur wenn Schallwellen genau von vorne oder hinten kommen, erreichen sie beide Ohren gleichzeitig, so daß keine Laufzeitdifferenz besteht.

(C) Falsch. Von vorne einfallende Schallwellen haben gegenüber im entsprechenden Winkel von hinten einfallenden Schallwellen die gleiche Laufzeitdifferenz, so daß sie dadurch nicht unterschieden werden können. Die Unterscheidung geschieht vielmehr durch die im Text beschriebene, charakteristische Dämpfung der von hinten einfallenden Schallwellen durch die Ohrmuscheln.

(D) Richtig. Bei exakt von hinten kommendem Schall ist die Laufzeitdifferenz null. Der Schall erreicht gleichzeitig beide Ohren.

(E) Richtig. Und zwar dann, wenn Laufzeit- und Pegeldifferenz bei fixiertem Kopf nicht ausreichen.

49) Verätzungen sind durch Kontakt mit aggresiven Chemikalien, zumeist Säuren oder Basen, hervorgerufene Gewebeschädigungen. Bei Säureverätzungen besteht der Schädigungsmechanismus in einer chemischen und, aufgrund der Reaktionswärme, auch thermischen Denaturierung der Gewebeproteine mit Ausbildung einer lokalen Koagulationsnekrose. Diese Koagulationszone wirkt begrenzend, so daß sich die Säure nicht darüber hinaus ausbreiten kann. Bei Baseverätzungen bewirkt die ebenfalls chemische und thermische Schädigung eine Kolliquationsnekrose mit starker Tiefenausdehnung. Proteine werden denaturiert, Fette verseift. Im Gegensatz zu Säureverätzungen kommt es bei Baseverätzungen nicht zur Selbstbegrenzung, sondern zum Fortschreiten der Gewebeschädigung, zu schwerer Ödembildung und zu Organperforationen.

Welche der nachfolgenden Aussagen läßt bzw. lassen sich aus diesen Informationen ableiten?

(A) Säureverätzungen sind flächenmäßig kleiner als Baseverätzungen.
(B) Sowohl bei Säure- als auch bei Baseverätzungen kommt es zur Proteindenaturierung und Koagulationsnekrose.
(C) Ist eine Gewebeschädigung nicht durch Kontakt mit Säuren oder Basen entstanden, so handelt es sich nicht um eine Verätzung.
(D) Kommt es bei einer Gewebeschädigung zu einer fortschreitenden Tiefenausdehnung, ist eine Baseverätzung mögliche Ursache.
(E) Bei Verätzungen kommt es immer auch zu Proteindenaturierungen.

49) Lösung: (D).

(A) Falsch. Säureverätzung begrenzen sich zwar selbst innerhalb einer Koagulationszone, sind deshalb aber nicht generell flächenmäßig kleiner.

(B) Falsch. Zur Koagulationsnekrose kommt es nur bei Säureverätzungen. Bei Baseverätzungen kommt es dagegen zur Kolliquationsnekrose.

(C) Falsch. Die Verätzungen verursachenden aggressiven Chemikalien sind zumeist Säuren oder Basen, d.h. nicht immer. Also kann es sich auch um eine Verätzung handeln, wenn weder eine Säure noch eine Base beteiligt war.

(D) Richtig. Sowohl das Fortschreiten der Gewebeschädigung als auch die Tiefenausdehnung deuten auf eine Baseverätzung hin.

(E) Falsch. Bei Säure- und Baseverätzungen ist dies zwar der Fall, daraus kann aber nicht geschlossen werden, daß dies generell bei Verätzungen der Fall ist.

50) In den meisten menschlichen Körperzellen ist das vollständige Erbgut auf jeweils 46 Chromosomen gespeichert. Dabei lassen sich bei weiblichen Individuen 23 Paare anordnen, weil sich immer Form und Größe zweier Chromosomen entsprechen. Beim männlichen Geschlecht finden sich 22 dieser Paare, daneben aber zwei unpaare Chromosomen, von denen das größere, das X-Chromosomen, auch bei der Frau, hier aber doppelt vorhanden ist. Das kleinere, das Y-Chromosomen, kommt nur beim Mann vor.
Bei Erbkrankheiten sind jeweils eines oder mehrere Chromosomen in allen Körperzellen geschädigt und können ihre Funktion nicht mehr oder nur noch zum Teil erfüllen. Bei rezessiven Erbkrankheiten wird der Funktionsausfall eines Chromosomen durch das Partnerchromosom, falls dieses gesund ist, ausgeglichen. Bei dominanten Erbkrankheiten kommt es zum Ausbruch der Krankheit, auch wenn das Partnerchromosom gesund ist.

Welche der nachfolgenden Aussagen läßt bzw. lassen sich demnach ableiten?

I. Männer besitzen bezüglich Form und Größe 24 verschiedene Arten von Chromosomen.
II. Bei Frauen kommt eine auf dem X-Chromosom lokalisierte, rezessive Erbkrankheit nie zum Ausbruch.
III. Bei Männern kommt eine auf dem X-Chromosom lokalisierte, rezessive Erbkrankheit immer zum Ausbruch.

(A) Nur die Aussage I läßt sich ableiten.
(B) Nur die Aussage III läßt sich ableiten.
(C) Nur die Aussagen I und III lassen sich ableiten.
(D) Nur die Aussagen II und III lassen sich ableiten.
(E) Keine der Aussagen läßt sich ableiten.

50) Lösung: (C).

I. Richtig. Männer haben in jeder Körperzelle 46 Chromosomen, wobei sich zu 22 jeweils ein in Form und Größe entsprechendes finden läßt. X- und Y-Chromosomen liegen einzeln vor. Der Mann besitzt demnach insgesamt 24 verschiedene Arten von Chromosomen.

II. Falsch. Die Erbkrankheit kommt zwar dann nicht zum Ausbruch, wenn nur ein X-Chromosom der Frau betroffen ist. Es besteht jedoch die seltene Möglichkeit, daß durch die Betroffenheit beider X-Chromosomen die Krankheit auch bei einer Frau zum Ausbruch kommt.

III. Richtig. Da Männer nur ein X-Chromosomen haben, kann eine darauf lokalisierte Krankheit, auch wenn sie rezessiv ist, nicht durch ein gesundes entsprechendes Chromosom ausgeglichen werden. Die Krankheit kommt stets zum Ausbruch.

51) Die Nahrungskette der Lebewesen beginnt mit den grünen Pflanzen, die durch die Photosynthese die Energie der Sonne nutzen und dabei aus kleinen Molekülen energiereichere große Moleküle bilden. Sie werden darum auch als Produzenten bezeichnet und dienen als Nahrungsgrundlage für alle Tiere. Den Pflanzen folgen in der Nahrungskette die auch als Primärkonsumenten bezeichneten, pflanzenfressenden Tiere (Herbivoren). Sie gewinnen ihre Energie, indem sie die großen Pflanzenmoleküle bei der Verdauung wieder zerkleinern. Das folgende Glied der Kette sind die auch als Sekundärkonsumenten bezeichneten Fleischfresser (Karnivoren), die sich von Herbivoren ernähren. Tertiärkonsumenten sind diejenigen Karnivoren, die sich von anderen Karnivoren ernähren. Der Kreislauf wird durch die Destruenten geschlossen (Pilze, Bakterien), die ihre Energie durch die Zersetzung organischen Abfalls (tote Tiere und Pflanzen) gewinnen und als Verdauungsprodukte die Kleinmoleküle zurücklassen, die die Pflanzen zur Photosynthese benötigen.

Welche der nachfolgenden Aussagen läßt sich aus diesen Informationen ableiten?

I. Sekundärproduzenten ernähren sich von Herbivoren.
II. Karnivoren ernähren sich nicht von Produzenten.
III. Herbivoren dienen als Nahrung für die Tertiärkonsumenten.
IV. Der Tertiärkonsument Mensch steht am Ende der Nahrungskette.

(A) Nur die Aussagen I und II lassen sich ableiten.
(B) Nur die Aussage II läßt sich ableiten.
(C) Nur die Aussage III läßt sich ableiten.
(D) Nur die Aussagen I bis III lassen sich ableiten.
(E) Nur die Aussagen I und IV lassen sich ableiten.

51) Lösung: (B).

I. Falsch. Es sind die Sekundärkonsumenten, die sich von Herbivoren ernähren. Von Sekundärproduzenten ist nicht die Rede.

II. Richtig. Karnivoren sind Fleischfresser. Produzenten sind die grünen Pflanzen.

III. Falsch. Herbivoren sind Pflanzenfresser, während Tertiärkonsumenten diejenigen Fleischfresser sind, die sich von anderen Fleischfressern ernähren.

IV. Falsch. Diese Aussage geht über den Textinhalt hinaus und läßt sich deshalb nicht ableiten. (Der Mensch ist nicht als Tertiärkonsument einzuordnen.)

52) Thrombose nennt man den Vorgang, wenn nach einer Blutgerinnung innerhalb des Gefäßsystems ein Blutpfropf (Thrombus) dieses Gefäß verstopft. Folge ist das Absterben (Nekrose) des von dem betroffenen Gefäß versorgten Gewebes. Wird der Thrombus jedoch über die Blutbahn in andere Gewebebezirke verschleppt, so nennt man eine dort entstehende Verstopfung eine Embolie. Ursache einer Thrombose ist häufig eine arteriosklerotische Schädigung der Blutgefäße. Dabei lagern sich nach zunächst noch reversiblen Schädigungen der Gefäßwände mehr und mehr Lipide, Proteine und Mineralstoffe aus dem Blut ab. Die Gefäße werden hart und unelastisch, bis es schließlich zum geschwürigen Zerfall der Gefäßinnenhäute mit Thrombusbildungen kommt.

Welche Aussage trifft diesen Informationen zufolge für einen Patienten nicht zu, bei dem in einem Bein eine sehr weit fortgeschrittene Arteriosklerose diagnostiziert wurde?

(A) Die Schädigungen sind irreversibel
(B) Die Wahrscheinlichkeit einer Embolie ist nicht erhöht
(C) Die Gefäße des kranken Beines sind hart und unelastisch.
(D) Es muß mit einer Nekrose des von dem geschädigten Gefäß versorgten Gewebes gerechnet werden.
(E) Mit einer Thrombose in der Lunge muß nicht gerechnet werden.

52) Lösung: (B).

(A) Richtig. Die Schädigungen einer Arteriosklerose sind zunächst noch reversibel. Ist sie aber sehr weit fortgeschritten, so muß von einer irreversiblen Schädigung ausgegangen werden, weshalb die Aussage (A) nicht als falsch beurteilt werden kann.
(B) Aussage falsch. Da sich in dem geschädigten Blutgefäß Thromben bilden können und diese bei Verschleppung in andere Organe eine Embolie auslösen, ist die Wahrscheinlichkeit für eine Lungenembolie erhöht.
(C) Richtig, laut Textbeschreibung einer Arteriosklerose.
(D) Richtig. Durch Thrombusbildung kann das geschädigte Gefäß verstopft werden, wodurch das von ihm versorgte Gewebe abstürbe.
(E) Richtig. Führt ein verschleppter Thrombus aus dem Bein in einem anderen Organ zu einer Verstopfung, nennt man das Embolie, nicht Thrombose.

Damit ist (B) die gesuchte Aussage, die für den Patienten nicht zutrifft.

Kapitel 2
Textverständnis

(Aufgaben 53-100)

Einleitung

Der Untertest "Textvertändnis" ist bei der TMS-Abnahme der sechste von neun Untertests und erfolgt zwischen der Lern- und der Reproduktionsphase der beiden Gedächtnistests. Es steht eine Stunde Bearbeitungszeit zur Verfügung. In dieser Zeit sind vier Texte mit medizinischen, biologischen oder auch physikalischen Inhalten zu bearbeiten. Jedem dieser Texte, die jeweils etwa 500 bis 600 Wörter umfassen, folgen sechs Fragen, die sich inhaltlich auf den Text beziehen und sich allein mit den im Text enthaltenen Informationen beantworten lassen. Vorwissen ist auch hier zwar eventuell nützlich, wird jedoch nicht vorausgesetzt. Zu jeder der sechs Fragen werden mehrere Lösungsmöglichkeiten angeboten und zwar, wie bei "Medizinisch-naturwissenschaftliches Grundverständnis", entweder fünf Lösungsmöglichkeiten (A) bis (E) oder als Kombinationsaufgabe drei bis vier römisch numerierte Lösungen, auf die sich dann die Bewertungsvorschläge (A) bis (E) beziehen. Zusätzlich können in diesem Untertest Kausalverknüpfungsaufgaben vorkommen, bei denen zwei Sätze mit Bezug zum vorstehenden Text einschließlich ihrer Verknüpfung auf ihre Richtigkeit überprüft werden sollen. Während bei den Kombinationsaufgaben oder bei den Kausalverknüpfungsaufgaben von den römisch numerierten Lösungsvorschlägen keine, ein Teil oder auch alle richtig sein können, ist von den anzustreichenden Lösungen (A) bis (E) immer nur eine richtig.

Zur Vorgehensweise:

Die Vorgehensweise entspricht weitgehend der beim Untertest "Medizinisch-naturwissenschaftliches Grundverständnis". Der wesentliche Unterschied liegt in der Länge der Texte. Es dürfte unmöglich sein, den Text in der knappen Zeitvorgabe inhaltlich voll zu erfassen. Dies ist auch nicht nötig. Wichtig ist lediglich, daß bereits beim ersten Lesen die wesentlichen Zusammenhänge unterstrichen werden und, was noch entscheidender ist, daß der Text visuell erfaßt wird. Das Kurzzeitgedächtnis sollte beim Lesen der Fragen möglichst genau daraufhin abrufbar sein, wo auf der Textseite der angesprochene Zusammenhang nachzulesen ist. Bei sechs Fragen mit je fünf Lösungsangeboten kann nicht jedesmal der ganze Text durchgeforstet werden. Dafür ist die Zeit zu knapp. Ist der Aufbau und die thematische Gliederung des Textes jedoch nach dem ersten Lesen, d.h. nach ca. 5 bis 6 Minuten erfaßt, dürften die verbleibenden 9 bis 10 Minuten genügen, um die angebotenen Lösungsmöglichkeiten nacheinander an der entsprechenden Textstelle zu überprüfen. Dieses visuelle Erfassen ist eine Leistung des Kurzzeitgedächtnisses, die sich nach dem Durcharbeiten von genügend vielen Texten sehr deutlich steigern wird.
Wie bei "Medizinisch-naturwissenschaftliches Grundverständnis" ist es sinnvoll, nach Bewertung eines Lösungssatzes diesen auch entsprechend zu markieren. Das Ganze wird übersichtlicher und man vermeidet eventuell das mehrmalige Bewerten des gleichen Satzes.
Ob einem ein Text oder ein Thema liegt, wirkt sich hier gleich auf sechs Fragen aus. Einen schwierig wirkenden Text sollte man zunächst überspringen, um nach befriedigendem Abschluß der anderen Texte die verbleibende Zeit darauf zu verwenden. Ein schlechter Anfang

kann sonst den weiteren Verlauf durch Zeitnot prägen. Die für einen Text zur Verfügung stehenden 15 Minuten sollten jeweils nicht wesentlich überschritten werden.
Von den 204 Aufgaben des TMS kommen nur 178 in die Bewertung. Die übrigen 26 sind Erprobungsaufgaben, die Entwicklungszwecken für den TMS des jeweils nächsten Jahres dem Institut für Test- und Begabungsforschung dienen. Diese Aufgaben sind während der Bearbeitung natürlich nicht von den anderen zu unterscheiden. Beim Untertest "Textverständnis" kommt ein kompletter Text mitsamt seinen sechs Fragen nicht in die Bewertung. Der letzte der vier Texte dürfte mit großer Wahrscheinlichkeit nicht der Erprobungstext sein, so daß dieser auf jeden Fall bearbeitet werden sollte. In Zeitnot ist deshalb lieber einer der ersten drei Texte nicht oder nur zum Teil zu bearbeiten.

Im Original-TMS wird folgender Einleitungstext gegeben:

Textverständnis **Bearbeitungszeit für 24 Aufgaben: 60 Minuten**

Mit den nun folgenden Aufgaben wird die Fähigkeit geprüft, umfangreiches und komplexes Textmaterial aufzunehmen und zu verarbeiten. Es werden Ihnen vier Texte vorgelegt, auf die jeweils sechs Fragen folgen, die sich ausschließlich auf den Inhalt des vorausgegan-genen Textes beziehen.
Wählen Sie bei jeder Frage die zutreffende Antwort aus, und markieren Sie den Lösungs-buchstaben auf dem Antwortbogen.

Der Einleitungstext wird in diesem Buch anschließend nicht mehr wiederholt.

Text zu den Fragen 53 - 58

Das Skelett des Menschen gliedert sich in 216 Knochen, wobei diese Anzahl von Mensch zu Mensch in geringem Umfang variieren kann. Knochenverbindungen (Juncturae ossium) können entweder fest oder beweglich sein.
Feste Verbindungen (Synarthrosen) heißen Juncturae fibrosae, wenn sie aus Bindegewebsfasern bestehen. Dadurch sind zwar nur sehr geringe Verschiebungen möglich, die Knochenenden werden aber trotzdem durch ein leichtes Federungsvermögen geschont. Eine weitere Art fester Verbindungen sind die Juncturae cartilagineae, bei denen das verbindende Gewebe Knorpelmaterial ist. Sowohl die Juncturae fibrosae als auch die Juncturae cartilagineae werden weiter unterteilt. Erstere unterscheidet man dreifach: Bei Syndesmoses sind aneinandergrenzende Knochen entweder durch kollagene Bänder (z.B. das untere Ende des Schien- und des Wadenbeins) oder durch elastische Bänder (z.B. die Bogen benachbarter Wirbel) miteinander verbunden. Gelenkknorpel und -kapsel fehlen dabei. Naht (Sutura) nennt man die Verbindungen der Schädelknochen untereinander. Dabei verbinden kollagene Faserzüge die Ränder benachbarter Knochen. So nur ist das Wachstum dieser Knochen möglich. Zu den Juncturae fibrosae werden schließlich noch die durch Bindegewebszüge bewirkten Einzapfungen (Gomphoses) der Zähne in die jeweiligen Zahnalveolen gerechnet.
Die Juncturae cartilagineae werden zweifach unterteilt: Die Synchondroses sind durch hyalinen Knorpel hergestellte Verbindungen, die z.B. beim Längenwachstum der langen Röhrenknochen eine wichtige Rolle spielen. Die Symphyses dagegen sind Knochenverbindungen, die hauptsächlich aus Faserknorpel bestehen. Die Verbindung der Schambeine ist beispielsweise dieser Art.
Knochenverbindungen, bei denen die Knochen gegeneinander beweglich bleiben, nennt man Juncturae synoviales oder Articulationes (Gelenke). Zusammengehalten werden Gelenke hauptsächlich durch Muskeln. Bänder, Bindegewebshüllen und eventuell Adhäsionskräfte spielen dabei eine untergeordnete Rolle. Juncturae synoviales können nach unterschiedlichen Gesichtspunkten eingeteilt werden, z.B. nach der Zahl der zusammentretenden Gelenkstücke in einfache Gelenke (Articulationes simplices), bei denen nur zwei Skelettstücke artikulieren, und in zusammengesetzte Gelenke (Articulationes compositae), bei denen mehr als zwei Skelettstücke artikulieren. Eine weitere wichtige Einteilungsmöglichkeit ist die Form der Gelenkkörper, wobei in Kugelgelenke (z.B. Schultergelenk), Nußgelenke (z.B. Hüftgelenk), Walzengelenke (z.B. Ellenbogengelenk), Eigelenke (z.B. proximales Handwurzelgelenk), Sattelgelenke (z.B. Handwurzel-Mittelhandgelenk des Daumens), ebene Gelenke (z.B. Zwischenwirbelgelenke der Halswirbelsäule) und straffe Gelenke (z.B. Hüftbein-Kreuzbeingelenk) unterteilt wird.
Ein Gelenk besteht aus folgenden Teilen:
- Erstens den Gelenkkörpern, die sich als besondere Ausbildungen an den Enden der verbundenen Knochen finden. Die Gelenkkörper haben als Gelenkfläche einen Überzug aus hyalinem Knorpel oder aus Faserknorpel. Meist ist die Fläche des einen Gelenkkörpers konkav, die des andere konvex gewölbt. Den Gelenkkörper mit der konvexen Gelenkfläche nennt man Gelenkkopf, den mit der konkaven dagegen Gelenkpfanne. Der 3 bis 5 mm dicke Knorpelüberzug, der die Gelenkfläche bildet, ist druckelastisch und mindert so die Abnutzung der Knochen. Wird dieser Gelenkknorpel bei bestimmten Gelenkerkrankungen zerstört, so kommt es zur Deformierung der Gelenkkörper und dadurch zu Beeinträchtigungen des ganzen Gelenkes.
- Zweitens gehört zu einem Gelenk auch eine Gelenkhöhle, die als kapillarer, spaltförmiger Raum zwischen den Gelenkflächen sitzt. Sie ist mit Gelenkschmiere (Synovia) ausgefüllt, die der Ernährung des Gelenkknorpels dient.
- Den dritten Teil des Gelenkes bildet die Gelenkkapsel, die als bindegewebartige Hülle das Gelenk umfaßt und die Gelenkhöhle luftdicht abschließt. Aufgrund dieses luftdichten Abschlusses der Gelenkhöhle vermutet man, daß auch die Adhäsionskräfte zwischen den Ge-

lenkkörpern beim Zusammenhalt des Gelenkes eine gewisse Rolle spielen. Gelenke besitzen zu den genannten Teilen noch verschiedene Hilfseinrichtungen, die allesamt dazu dienen, das Gelenk vor äußeren Einwirkungen zu schützen oder Schäden durch Überbelastungen oder Abnutzung zu verhindern.

53) Welche Aussage über die Wirbelsäule läßt sich aus dem Text nicht ableiten?

(A) Die Bogen benachbarter Wirbel sind durch elastische Bänder miteinander verbunden.
(B) Die Zwischenwirbelgelenke der Halswirbelsäule rechnet man aufgrund ihrer Form zu den straffen Gelenken.
(C) Am Aufbau der Wirbelsäule sind sowohl Synarthrosen, als auch Articulationes beteiligt.
(D) Zu den Zwischenwirbelgelenken der Halswirbelsäule gehören Gelenkkörper mit einem 3 bis 5 mm dicken Knorpelüberzug.
(E) Verbindungen benachbarter Wirbelbogen haben weder Gelenkknorpel noch Gelenkkapsel.

54) Welche der folgenden Aussagen läßt sich aus dem Text ableiten?

(A) Der Mensch besteht aus ungefähr 216 Knochen.
(B) Die Juncturae cartilagineae unterscheidet man in Syndesmoses, Suturae und Gomphoses.
(C) Neben den druckelastischen Gelenkflächen gibt es noch weitere Einrichtungen, die die Abnutzung der Gelenke verringern.
(D) Das Schultergelenk ist kein Kugelgelenk.
(E) Bei einem Articulationes simplicis ist jeweils nur ein Skelettstück beteiligt.

55) Welche Aussage über Gelenke ist dem Text zufolge richtig?

(A) Die Fläche des Gelenkkörpers ist meistens konkav gewölbt.
(B) Der 3 bis 5 mm dicke Überzug der Gelenkkörper besteht aus hyalinem Faserknorpel.
(C) Im Gegensatz zu den Juncturae ossium bleiben bei Gelenken die Knochen frei beweglich.
(D) Der Gelenkknorpel ernährt sich aus dem Füllstoff der Gelenkhöhle.
(E) Gelenke werden ausschließlich durch Muskeln zusammengehalten.

56) Durch welche/n der nachstehenden Umstände kann dem Text zufolge die Abnutzung eines Gelenkes begünstigt werden?

I. Die Synovia-Produktion ist gehemmt.
II. Der Knorpelüberzug des Gelenkknorpels ist über 5 mm verdickt.
III. Eine Hilfseinrichtung eines Gelenkes ist geschädigt.

(A) Nur durch den unter I genannten Umstand.
(B) Nur durch die unter I und II genannten Umstände.
(C) Nur durch die unter I und III genannten Umstände.
(D) Nur durch die unter II und III genannten Umstände.
(E) Durch alle drei der genannten Umstände.

57) Welche der nachfolgenden Aussagen läßt bzw. lassen sich aus dem Text ableiten?

I. Adhäsionskräfte spielen für den Zusammenhalt von Gelenken möglicherweise keine Rolle.
II. Die Verbindung der Schambeine besteht hauptsächlich aus Faserknorpel.
III. Bestimmte Gelenkerkrankungen führen zur Deformierung der Gelenkkörper.

(A) Nur Aussage I läßt sich ableiten.
(B) Nur Aussage II läßt sich ableiten.
(C) Nur die Aussagen I und II lassen sich ableiten.
(D) Nur die Aussagen II und III lassen sich ableiten.
(E) Alle drei Aussagen lassen sich ableiten.

58) Welche der nachfolgenden Zuordnungen ist dem Text zufolge richtig?

(A) Die Juncturae synoviales gehören zu den Juncturae ossium.
(B) Die Zwischenwirbelscheiben der Wirbelsäule gehören zu den Synchondroses.
(C) Das distale Handwurzelgelenk gehört zu den Eigelenken.
(D) Die Einzapfungen der Zähne gehören zu den Juncturae cartilagineae.
(E) Die Nähte der Schädelknochen gehören zu den Articulationes simplices.

Lösungen zu den Fragen 53 bis 58

53) Lösung: (B).

(A) Richtig laut Text (oberes Drittel).
(B) Falsch. Man rechnet sie aufgrund ihrer Form zu den ebenen Gelenken.
(C) Richtig. Die Verbindung der Bogen benachbarter Wirbel werden als Syndesmoses erwähnt, welche zu den Synarthrosen gehören, die Zwischenwirbelgelenke der Halswirbelsäule werden unter den Articulationes aufgeführt.
(D) Richtig. Da Gelenkkörper mit einem derartigen Knorpelüberzug generell als Bestandteil von Gelenken genannt werden, kann gefolgert werden, daß auch zu den Zwischenwirbelgelenken der Halswirbelsäule derartige Gelenkkörper gehören.
(E) Richtig laut Text (oberes Drittel).

54) Lösung: (C).

(A) Falsch. Das Skelett besteht aus ca. 216 Knochen, nicht der Mensch.
(B) Falsch: Die Juncturae fibrosae unterscheidet man so.
(C) Richtig, nämlich die am Schluß genannten Hilfseinrichtungen.
(D) Falsch. Es ist ein Kugelgelenk.
(E) Falsch. Zwei Skelettstücke artikulieren miteinander.

55) Lösung: (D).

(A) Falsch. Meist ist eine Fläche konkav und die andere konvex, d.h. selten sind die Flächen eben aufeinander. Deshalb sind trotzdem nicht die meisten Flächen insgesamt konkav, sondern ebenso viele konvex und noch andere eben.
(B) Falsch. Er besteht entweder aus hyalinem Knorpel oder aus Faserknorpel.
(C) Falsch. Da Juncturae ossium die Bezeichnung für alle Knochenverbindungen einschließlich der Gelenke ist, ist die Gegenüberstellung in (C) falsch.
(D) Richtig. Der Füllstoff ist die Gelenkschmiere (Synovia).
(E) Falsch. Hauptsächlich, aber nicht ausschließlich.

56) Lösung: (C).

I. Richtig. Da die Gelenkschmiere (Synovia) den Gelenkknorpel ernährt und dieser die Abnutzung mindert, kann ein Mangel an Synovia zu verstärkter Abnutzung führen.
II. Falsch. Da der Knorpelüberzug durch seine Druckelastizität die Abnutzung mindert, ist auch bei einer Verdickung über 5 mm nicht mit einer verstärkten Abnutzung zu rechnen.
III. Richtig. Da die am Textende genannten Hilfseinrichtungen der Gelenke auch dazu dienen die Abnutzung zu verhindern, kann eine Schädigung einer solchen Hilfseinrichtung die Abnutzung des Gelenkes unter Umständen begünstigen.

57) Lösung: (E).

I. Richtig. Man vermutet zwar, daß Adhäsionskräfte aufgrund des luftdichten Abschlusses der Gelenkhälfen für den Zusammenhalt eine gewisse Rolle spielen, das Gegenteil ist damit aber nicht ausgeschlossen.
II. Richtig laut Text (nach oberem Drittel).
III. Richtig laut Text (unteres Drittel).

58) Lösung: (A).

(A) Richtig. Juncturae ossium ist die Bezeichnung für alle Knochenverbindungen, worunter auch die Juncturae synoviales fallen.
(B) Falsch. Diese Aussage findet sich nicht im Text.
(C) Falsch. Das proximale Handwurzelgelenk gehört zu den Eigelenken.
(D) Falsch. Die Einzapfungen der Zähne gehören zu den Juncturae fibrosae.
(E) Falsch. Die Nähte der Schädelknochen sind feste Verbindungen und keine Articulationes (Gelenke)

Text zu den Fragen 59 - 64

Der Mensch besitzt zwei Nieren, die im hinteren Bauchraum rechts und links der Wirbelsäule plaziert sind. Von diesen bohnenförmigen Organen sitzt die linke Niere meist etwas höher als die rechte. Auf dem oberen Pol jeder Nieren sitzt ein kleines, hormonproduzierendes Organ, die Nebenniere. Bei diesen beiden gleich großen, zusammen gerade 10 g wiegenden Organen unterscheidet man die Nebennierenrinde (NNR oder Cortex) vom Nebennierenmark (NNM oder Medulla). Die Nebennierenrinde läßt sich in eine äußere Rindenzone, die Zona glomerulosa, eine mittlere Rindenzone, die Zona fasciculata und in eine innere, marknahe Rindenzone, die Zona reticularis, unterteilen. Obwohl die Hormone, die in diesen drei Rindenzonen gebildet werden, sehr unterschiedlich wirken, sind sie chemisch miteinander verwandt und werden als Steroide bezeichnet. Die in der Zona glomerulosa produzierten Hormone heißen Mineralocorticoide, deren wichtigster Vertreter das Aldosteron ist. Sie sind an der Regulation des Elektrolyt- und Wasserhaushaltes beteilgt. Aldosteron bewirkt an der Niere eine erhöhte Rückresorption von Natrium- und Cloridionen und die Ausscheidung von Kaliumionen. Dabei wird gleichzeitig die Wasserausscheidung gebremst. Da Kaliumionen hauptsächlich das Wasser in den Zellen und Natriumionen das Wasser außerhalb der Zellen binden, führt ein Aldosteronmangel neben einer insgesamt zu starken Wasserausscheidung zu einer Verschiebung des extrazellulären Wasserbestandes ins Innere der Zellen. Die Ausschüttung von Aldosteron wird entweder durch Kaliumionenüberschuß ausgelöst oder aber bei Kochsalz- oder Wassermangel durch den daraus resultierenden Blutdruckabfall. Eingeleitet wird dieser Vorgang in der Niere durch die Abgabe des Hormons Renin, das eine Reaktionskette auslöst, an deren Ende die Aldosteronausschüttung steht. Umgekehrt wird bei Kaliumionenmangel bzw. bei Kochsalz- und Wasserüberschuß mit daraus resultierendem, erhöhtem Blutdruck die Aldosteronausschüttung gehemmt. Aldosteron hat im Blut eine Halbwertszeit von ca. 30 Minuten, d.h. nach dieser Zeit hat sich ungefähr die Hälfte der anfänglich vorhandenen Menge abgebaut.

Die in der Zona fasciculata produzierten Hormone werden Glucocorticoide genannt. Neben dem Cortisol als wirksamstem Vertreter gehören auch Cortison und Corticosteron zu dieser Gruppe. Glucocorticoide bewirken in der Muskulatur, dem lymphatischen System und der Haut vermehrten Proteinabbau (katabole Wirkung) und in bestimmten Bereichen des Fettgewebes den Fettabbau. Im Gegenzug wird in der Leber die Synthese von Glucose zum Teil aus den Proteinabbauprodukten gesteigert, wodurch der Blutzuckerspiegel steigt. Eine weitere, wichtige Wirkung der Glucocorticoide ist die Hemmung entzündlicher Prozesse. Dies geschieht durch Hemmung der Antikörpersynthese, durch die Unterdrückung der Gewebereize, die als Folge von Antigen-Antikörper-Reaktionen oder von Gifteinwirkungen auftreten und durch eine Senkung der Anzahl basophiler und eosinophiler Granulozyten im Blut. Es wird dadurch aber lediglich das Symptom "Entzündung" beseitigt, nicht aber deren Ursache, so daß die heilende Wirkung der Entzündungsprozesse z.B. bei einer Infektion sogar verzögert wird.

Die Ausschüttung der Glucocorticoide wird über einen Regelkreislauf gesteuert. Bei Abnahme der Cortisolkonzentration im Blut gelangt das aus dem Hypothalamus stammende Corticotropin-Releasing-Hormon (CRH) über das Pfortadersystem in die Adenohypophyse, welche daraufhin das Adrenocorticotrope Hormon (ACTH) freisetzt, das wiederum an der Nebenniere die Ausschüttung der Glucocorticoide bewirkt. Erhöhte Blutglucocorticoidwerte drosseln im Gegenzug die CRH-Freisetzung. Die Glucocorticoidkonzentration ist ferner an den Tagesrhythmus gebunden. Sie ist nachts am geringsten und morgens am höchsten. In Streßsituationen kommt es zusätzlich zu gesteigerter Glucocorticoidausschüttung.

In der Zona reticularis werden bei Männern und Frauen hauptsächlich männliche Geschlechtshormone gebildet, die man Androgene nennt. Diese Hormone führen zu Proteinsynthese (anabole Wirkung), sind aber unter normalen Bedingung von geringer biologischer Bedeutung. In überhöhter Konzentration bewirken sie jedoch die verstärkte Ausprägung von männlichen Geschlechtsmerkmalen, z.B. des männlichen Behaarungstypus. Die Hormonausscheidung der Zona reticularis wird durch eine erhöhte ACTH-Konzentration gesteigert, wobei ein erhöhter Androgenspiegel jedoch nicht rückkoppelnd eine Senkung der CRH-Ausschüttung bewirkt.

Das Adrenocorticotrope Hormon der Adenohypophse hat außer den beschriebenen Wirkungen auf die NNR auch den Effekt, die Ausschüttung des Melanozyten-stimulierenden Hormons (MSH) zu steigern, welches die Pigmentierung und damit die Hautbräunung verstärkt.

59) Welche der nachstehenden Aussagen über die Nebennieren läßt bzw. lassen sich aus dem Text ableiten?

I. Die rechte Nebenniere ist bei den meisten Menschen tiefer plaziert als die linke.
II. Eine Nebenniere besteht aus drei steroidproduzierenden Zonen.
III. Die drei Zonen einer Nebennierenrinde wiegen zusammen unter 5 Gramm.

(A) Nur Aussage I läßt sich ableiten.
(B) Nur Aussage II läßt sich ableiten.
(C) Nur Aussage III läßt sich ableiten.
(D) Nur die Aussagen I und III lassen sich ableiten.
(E) Alle drei Aussagen lassen sich ableiten.

60) Eine krankhafte Vergrößerung der Zona glomerulosa bewirkt bei einer Patientin eine ständige Überproduktion von Aldosteron. Welches der folgenden Symptome ist zu erwarten?

(A) Extrazellulärer Wasserüberschuß.
(B) Eine gesteigerte Glucocorticoidproduktion.
(C) Ein Kaliumionenüberschuß im Körper.
(D) Ein Kochsalzmangel im Körper.
(E) Ein erhöhter Reninspiegel im Blut.

61) Die Symptome einer rheumatischen Gelenkentzündung eines Patienten lassen sich nur durch regelmäßige Cortisonspritzen eindämmen. Welche der folgenden Nebenwirkungen dürfte dem Text zufolge nicht auftreten?

(A) Es kommt zu katabolen Wirkungen.
(B) Es wird sich eine verstärkte Pigmentierung der Haut einstellen.
(C) Die Androgenbildung in der Zona reticularis ist gehemmt.
(D) Dem Organismus stehen weniger Antikörper zur Verfügung.
(E) Eine Infektion kann durch die fehlende Entzündungsreaktion nicht mehr ausheilen.

62) Welche der nachfolgenden Aussagen über Aldosteron läßt bzw. lassen sich aus dem Text ableiten?

I. Eine bestimmte Menge Aldosteron im Blut hat sich nach ca. 60 Minuten vollständig abgebaut.
II. Aldosteron bewirkt in der Niere die Freisetzung des Hormons Renin.
III. Aldosteron ist der wichtigste Vertreter der Mineralocorticoide, die in der Zona glomerulosa produziert werden.

(A) Nur Aussage I läßt sich ableiten.
(B) Nur Aussage II läßt sich ableiten.
(C) Nur Aussage III läßt sich ableiten.
(D) Nur die Aussagen I und III lassen sich ableiten.
(E) Alle drei Aussagen lassen sich ableiten.

63) Bei einem Patienten mit einem Tumor in der Adenohypophyse ist die Sekretion von ACTH stark gesteigert. Welche der nachfolgenden Auswirkungen ist bzw. sind zu erwarten?

I. Es ist eine verstärkte Pigmentierung der Haut zu erwarten.
II. Der Blutzuckerspiegel erhöht sich.
III. Die CRH-Sekretion des Hypothalamus wird gesteigert.

(A) Nur die Auswirkung I ist zu erwarten.
(B) Nur die Auswirkung II ist zu erwarten.
(C) Nur die Auswirkung III ist zu erwarten.
(D) Nur die Auswirkungen I und II sind zu erwarten.
(E) Nur die Auswirkungen I und III sind zu erwarten.

64) Durch eine Autoimmunreaktion wurde bei einer Patientin die Zona fasciculata der NNR weitgehend zerstört. Welche der nachstehenden Auswirkungen ist bzw. sind zu erwarten?

I. Das äußere Erscheinungsbild der Frau wird sich dem männlichen Behaarungstypus angleichen.
II. Die Haut der Frau färbt sich ungewöhnlich braun.
III. Es entstehen katabole Auswirkungen.
IV. Es kommt zu vermehrter Kaliumionenausscheidung bei gesteigerter Kochsalz- und Wasserrückresorption.

(A) Nur Auswirkung I ist zu erwarten.
(B) Nur die Auswirkungen I und II sind zu erwarten.
(C) Nur die Auswirkungen I, II und III sind zu erwarten.
(D) Nur die Auswirkungen II und IV sind zu erwarten.
(E) Nur die Auswirkungen II, III und IV sind zu erwarten.

Lösungen zu den Fragen 59 bis 64

59) Lösung: (D).

I. Richtig. Da die linke Niere meist etwas höher sitzt als die rechte, und die Nebennieren den Nieren direkt aufsitzen, muß folglich die rechte Nebenniere auch meist tiefer sitzen als die linke.
II. Falsch. Die Nebennierenrinde (Cortex) allein besteht aus drei Zonen. Die Nebennieren als Ganzes bestehen aus Cortex (3 Zonen) und Medulla.
III. Richtig. Beide Nebennieren wiegen zusammen 10 g, d.h. eine davon wiegt 5 g. Da eine Nebenniere aus Cortex und Medulla besteht, muß der Cortex allein, der aus den drei Zonen besteht, unter 5 Gramm wiegen.

60) Lösung: (A).

(A) Richtig. Das vermehrte Aldosteron bewirkt eine gesteigerte Wasser- und Natriumionenrückresoption sowie eine gesteigerte Kaliumionenausscheidung. Die sich vornehmlich im extrazellulären Gewebe aufhaltenden Natriumionen reichern das Wasser vermehrt hier an.
(B) Falsch. Die Glucocorticoidproduktion wird über einen von der Aldosteronproduktion unabhängigen Kreislauf geregelt.
(C) Falsch. Aldosteron führt zu vermehrter Ausscheidung von Kaliumionen.
(D) Falsch. Aldosteron führt zu einer vermehrten Rückresorption, d.h. Anreicherung von Kochsalz im Körper.
(E) Falsch. Renin wird bei vermindertem Blutdruck ausgeschüttet, welcher bei dem durch Aldosteronüberschuß bestehenden Wasser- und Kochsalzüberschuß aber erhöht ist.

61) Lösung: (B).

(A) Falsch. Dies kann eintreten. Glucocorticoide haben eine katabole Wirkung.
(B) Richtig. Diese Nebenwirkung wird nicht eintreten. Durch den ständig erhöhten Glucocorticoidspiegel im Blut wird die CRH- und damit auch die ACTH-Ausschüttung herabgesetzt, was zu einer verminderten Aktivität der pigmentbildenden Melanozyten führt.
(C) Falsch. Dies kann eintreten. Durch den gesteigerten Glucocorticoidspiegel wird die CRH-Sekretion gedrosselt, was über eine Hemmung der ACTH-Sekretion zu einer geminderten Aktivität der Zona reticularis führen wird.
(D) Falsch. Dies kann eintreten, da Glucocorticoide die Antikörpersynthese hemmen.
(E) Falsch. Dies kann eintreten, da Glucocorticoide die vom Körper zur Heilung hervorgerufene Entzündungsreaktion unterdrücken.

62) Lösung: (C).

I. Falsch. Da die Halbwertszeit 30 Minuten beträgt hat sich nach 30 Minuten die Hälfte abgebaut und nach weiteren 30 Minuten von der verbliebenen Menge die Hälfte, d.h. insgesamt erst drei Viertel der Ausgangsmenge.
II. Falsch. Renin wird freigesetzt, wenn zuwenig Aldosteron im Blut ist und dadurch der Blutdruck durch Kochsalz- und Wasserverlust gesenkt ist.
III. Richtig laut Text (oberes Drittel).

63) Lösung: (D).

I. Richtig, da ACTH auch die Ausschüttung des Hormons MSH steigert, welches die Pigmentierung der Haut verstärkt.
II. Richtig. Die Erhöhung des Blutzuckerspiegels ist eine Glucocorticoidwirkung, deren Ausschüttung durch vermehrtes ACTH ebenfalls gesteigert ist.
III. Falsch. Durch das vermehrte ACTH werden auch vermehrt Glucocorticoide freigesetzt, welche an dem Hypothalamus eine verminderte Freisetzung von CRH bewirken.

64) Lösung: (B).

I. Richtig. Da der Glucocorticoidspiegel stark gesenkt ist wird die CRH-Sekretion im Hypothalamus überschießend reagieren, was zu einer erheblichen Steigerung der ACTH und damit der Androgenproduktion führen wird.
II. Richtig. Die gesteigerte ACTH-Ausschüttung bewirkt über das Hormon MSH eine gesteigerte Pigmentierung.
III. Falsch. Katabole (proteinabbauende) Wirkung wäre der Glucocorticoidwirkung entsprechend. Deren Produktionsstätte, die Zona fasciculata ist aber weitgehend zerstört.
IV. Falsch. Die Freisetzung der Mineralocorticoide steht nicht in Verbindung mit dem Regelkreislauf der Glucocorticoide und wird deshalb nicht beeinflußt.

Text zu den Fragen 65 - 70

Ionisierende Strahlen werden in der Medizin sowohl zu diagnostischen als auch zu therapeutischen Zwecken eingesetzt. Zur Diagnose dient dabei vor allem die Röntgendurchleuchtung. In einer Röntgenröhre werden Elektronen aus einer glühenden Kathode auf die Anode hin beschleunigt. Weil die Spannungen dabei von 30 000 Volt bis zu 300 000 Volt betragen, ist die Aufprallgeschwindigkeit der Elektronen auf das Anodenblech sehr hoch. Die meisten Elektronen verwandeln ihre ganze Energie beim Aufprall in Wärme. Andere bewirken aber entweder sofort beim Aufprall, oder nachdem sie einen Teil ihrer Energie beim Abbremsen schon in Wärme abgegeben haben, die Aussendung von Röntgenquanten. Die abgegebenen Röntgenquanten sind um so energiereicher, je weniger Energie das Elektron vor der Aussendung bereits in Wärme umgesetzt hatte. Energetisch betrachtet stellt die so emitierte Strahlung einer Röntgenröhre ein kontinuierliches Spektrum dar, da Röntgenquanten unterschiedlichster Energie ausgesendet werden. Dieses Spektrum hat aber eine energetische Höchstgrenze. Energiereichere Röntgenquanten als die von den Elektronen, die ihre Energie ohne vorherigen Wärmeverlust umwandelten, gibt es nämlich nicht. Da bei Röntgenstrahlen, wie bei allen elektromagnetischen Wellen, kurze Wellen energiereicher sind als lange, spricht man von einer kurzwelligen Grenze. Mit Erhöhung der Röntgenspannung werden die Elektronen energiereicher, wodurch das Röntgenspektrum im energiereichen Bereich erweitert und so die kurzwellige Grenze verschoben wird.

Je kürzer die Wellenlängen der Röntgenstrahlen sind, desto größer ist ihre Durchdringungskraft. Kurzwellige Röntgenstrahlen werden deshalb als harte, langwellige als weiche Strahlen bezeichnet.

Das medizinische Röntgenbild entsteht dadurch, daß die auf den Körper einwirkende Strahlung von den verschiedenen Geweben unterschiedlich stark absorbiert (aufgesaugt) wird und die durchgedrungene Strahlung so ein Negativkontrastbild auf dem Röntgenfilm ergibt.

Sehr harte Strahlen, die den Körper praktisch ungeschwächt durchdringen, führen zu keinem Kontrast und haben deshalb genausowenig Sinn, wie zu weiche Strahlen, die vollständig absorbiert werden und so auf dem Röntgenfilm gar nicht ankommen.

Chemisch betrachtet besteht der Mensch überwiegend aus Wasser und verschiedenen Kohlenwasserstoffen, d.h. aus Atomen relativ leichter Elemente, die wenig Röntgenstrahlen absorbieren und deshalb auch wenig Kontrast auf dem Röntgenbild abgeben. Knochen enthalten dagegen beträchtliche Mengen des schweren Calciums, das erheblich stärker absorbiert. Infolgedessen werfen Knochen im Röntgenbild deutliche Schatten, dunkle auf dem Bildschirm und helle auf dem photographischen Negativ des Röntgenfilms.

Eine Röntgenabbildung entspricht einem Schattenwurf und erlaubt darum keine räumliche Auflösung. Um z.B. einen Nierenstein genau zu lokalisieren, muß man deshalb die Niere mindestens zweimal aus verschiedenen Richtungen durchleuchten. Aus den beiden entstandenen Bildern können nun die erforderlichen, räumlichen Schlüsse gezogen werden. Bei einer Computertomographie wird das Gewebe aus verschiedenen Richtungen von einem computergesteuerten Röntgengerät Schicht um Schicht durchleuchtet und die Einzelbilder anschließend als Strukturbild verknüpft.

Eine unerwünschte Nebenwirkung von Röntgenuntersuchungen ist die biologische Strahlenwirkung. Die Einwirkung von ionisierender Strahlung auf menschliches Gewebe kann schwere Zellschäden zur Folge haben. Diese beruhen auf Inaktivierung von Enzymen, der Auslösung von Mutationen und der Bildung von Ionen sowie von freien Radikalen, die extrem reaktionsfreudig sind und deshalb gesundes Gewebe chemisch verändern. Während diese Auswirkungen z.B. in der Krebstherapie ausgenutzt werden, indem man versucht, krankes Gewebe ohne operativen Eingriff abzutöten, werden sie bei der Röntgenuntersuchung als notwendiges Übel in Kauf genommen.

65) Welche der nachfolgenden Aussagen über Röntgenstrahlung ist dem Text zufolge richtig?

(A) Röntgenstrahlung wird nur zu therapeutischen Zwecken eingesetzt.
(B) Röntgenstrahlen sind elektromagnetische Wellen.
(C) Ein Teil der Röntgenstrahlen wird in Wärme freigesetzt.
(D) Ein Teil der Röntgenstrahlen durchdringt den Körper völlig ungeschwächt.
(E) Je energiereicher Röntgenstahlen sind, desto weniger hart sind sie.

66) Welche der folgenden Aussagen zur Entstehung von Röntgenstrahlen ist dem Text zufolge falsch?

(A) Röntgenstrahlen werden an der Anode emitiert.
(B) Mit steigender Röntgenspannung verschiebt sich die kurzwellige Grenze des Röntgenspektrums.
(C) In einer Röntgenröhre befindet sich sowohl eine Kathode, als auch eine Anode.
(D) Das von einem Elektron ausgesendete Röntgenquant ist um so energiereicher, je weniger Energie das Elektron vor der Aussendung bereits in Wärme umgesetzt hatte.
(E) Bewirken Elektronen beim Aufprall auf die Anode ohne Wärmeverlust die Aussendung eines Röntgenquants, so verschiebt sich die kurzwellige Grenze.

67) Beurteilen sie die beiden folgenden Aussagen einschließlich ihrer Verknüpfung auf ihre Richtigkeit:

I. Auf dem photographischen Negativ des Röntgenfilms werfen Knochen dunkle Schatten,
weil
II. Knochen viel schweres Calcium enthalten.

(A) Aussage I ist richtig, Aussage II ist richtig, die Verknüpfung ist richtig.
(B) Aussage I ist richtig, Aussage II ist richtig, die Verknüpfung ist falsch.
(C) Aussage I ist richtig, Aussage II ist falsch.
(D) Aussage I ist falsch, Aussage II ist richtig.
(E) Aussage I ist falsch, Aussage II ist falsch.

68) Welche der nachfolgenden Aussagen ist dem Text zufolge richtig?

(A) Bei Betrieb glüht die Kathode einer Röntgenröhre.
(B) Der Mensch besteht chemisch betrachtet zu zwei Drittel aus Wasser.
(C) Auf einem einzelnen Röntgenbild kann ein Nierenstein genau lokalisiert werden.
(D) Der Kontrast auf dem Röntgenbild entsteht durch sehr harte Strahlen, die den Körper ungeschwächt durchdringen, und durch weiche Strahlen, die vollständig absorbiert werden.
(E) Die Spannung einer Röntgenröhre beträgt zwischen 3 000 und 30 000 Volt.

69) Welche der nachfolgenden Aussagen läßt bzw. lassen sich aus dem Text ableiten?

Ionisierende Strahlung

I. ...kann als unerwünschte Nebenwirkung die Abtötung von krankem Gewebe zur Folge haben.
II. ...kann in menschlichem Gewebe zur Bildung von Ionen führen.
III. ...kann nicht nur in Form von Röntgenstrahlung zur Diagnose eingesetzt werden.
IV. ...kann zur Inaktivierung von reaktionsfreudigen Radikalen führen.

(A) Nur die Aussagen I und II lassen sich ableiten.
(B) Nur die Aussagen I, II und III lassen sich ableiten.
(C) Nur die Aussagen II und III lassen sich ableiten.
(D) Nur die Aussagen II und IV lassen sich ableiten.
(E) Nur die Aussagen II und IV lassen sich ableiten.

70) Bei einem Patienten hat sich ein Knochentumor gebildet, der weniger Calcium als der gesunde Knochen enthält. Welche der nachfolgenden Möglichkeiten bringt einer Ärztin die Benutzung eines Computertomographen?

I. Der geschädigte Knochen läßt sich strukturell darstellen.
II. Der Tumor läßt sich genau lokalisieren.
III. Es besteht die Möglichkeit den Tumor mit dem Gerät zu therapieren.

(A) Nur die Möglichkeit I.
(B) Nur die Möglichkeit II.
(C) Nur die Möglichkeit III.
(D) Nur die Möglichkeiten I und II.
(E) Alle drei Möglichkeiten.

Lösungen zu den Fragen 65 bis 70

65) Lösung: (B).

(A) Nein. Vor allem zu diagnostischen Zwecken.
(B) Richtig, laut Text.
(C) Nein. Die Energie der auf die Anode prallenden Elektronen wird zum Teil in Wärme umgesetzt.
(D) Nein. Sehr harte Röntgenstrahlen durchdringen ihn praktisch, aber nicht völlig ungeschwächt.
(E) Nein. Je energiereicher Röntgenstrahlen sind, desto härter sind sie.

66) Lösung: (E).

(A) Richtig, und zwar beim Abbremsen der Elektronen an der Anode.
(B) Richtig. Die kurzwellige Grenze, als energetische Höchstgrenze einer bestimmten Röntgenspannung, verschiebt sich bei Erhöhung der Spannung.
(C) Richtig. In der Röntgenröhre findet die Beschleunigung an der Kathode und das Abbremsen an der Anode statt.
(D) Richtig. Setzt das Elektron im Grenzfall vor der Aussendung keine Energie in Wärme um, erzeugt es das für diese Spannung energiereichste Röntgenquant.
(E) Nein. Diese Elektronen erzeugen die energiereichsten Röntgenstrahlen, die der kurzwelligen Grenze. Verschoben wird die kurzwellige Grenze nur bei Änderung der Röntgenspannung.

67) Lösung (D).

I. Auf dem photographischen Negativ werfen Knochen keine dunklen, sondern helle Schatten.
II. Richtig laut Text.

68) Lösung: (A).

(A) Richtig. Elektronen werden aus einer glühenden Kathode heraus beschleunigt.
(B) Falsch. "Überwiegend aus Wasser" steht zwar im Text, ob aber gerade zu zwei Drittel ist nicht ableitbar.
(C) Falsch. Mindestens zwei Bilder sind laut Text notwendig.
(D) Falsch. Die in (D) beschriebenen Strahlenarten sind laut Text gerade unbrauchbar.
(E) Falsch. Eine Null fehlt bei beiden Zahlen.

69) Lösung: (C).

I. Falsch. Die Abtötung von <u>krankem</u> Gewebe ist eine <u>erwünschte</u> Wirkung in der Krebstherapie.
II. Richtig laut Text (letztes Drittel).
III. Richtig. "Zur Diagnose dient vor allem die Röntgendurchleuchtung", d.h. nicht nur.
IV. Falsch. Ionisierende Strahlung kann zur Bildung von Radikalen führen. Eine mögliche Inaktivierung von Radikalen wird im Text nicht erwähnt.

70) Lösung: (D).

I. Richtig. Der Computertomograph liefert Strukturbilder.
II. Richtig. Da der Computertomograph nicht nur ein Bild, sondern viele Bilder aus verschiedenen Richtungen macht, ist er zur Lokalisation geeignet.
III. Falsch. Ein Computertomograph ist kein Therapiegerät, sondern ein Diagnosegerät.

Text zu den Fragen 71 - 76

Die Hämostase - Blutstillung und Blutgerinnung - ist ein komplexer Vorgang, bei dem Gefäße, Blutplättchen (Thrombozyten) und plasmatische Faktoren reibungslos zusammenwirken müssen. Die verschiedenen beteiligten Hämostasefaktoren werden gewöhnlich mit römischen Zahlen versehen. Im Ablauf der Hämostase lassen sich zwei Phasen unterscheiden: Die Blutstillung als provisorischer Verschluß des Gefäßdefekts (primäre Hämostase) und die Blutgerinnung als definitive Versiegelung der Lücke (sekundäre Hämostase). Die primäre Hämostase beruht in erster Linie auf Reaktionen der Thrombozyten. Sobald es in einem Blutgefäß zu einer Verletzung des Endothelüberzugs kommt, heften sich Blutplättchen an kollagene Bindegewebsfasern der Wundränder. Dies nennt man Plättchenadhäsion. Eine besondere Bedeutung hat dabei der Von-Willebrand-Faktor, ein Glykoprotein, das sich normalerweise im Blutplasma und in den Blutplättchen befindet. Der Von-Willebrand-Faktor ist eine Komponente des Faktor-VIII-Komplexes und fördert die Anlagerung der Blutplättchen an die kollagenen Bindegewebsfasern. Durch diesen Vorgang wird eine Aktivierung und eine Formänderung der Plättchen sowie eine gesteigerte Durchlässigkeit ihrer Membranen ausgelöst. Die Thrombozyten bilden dabei füßchenartige Fortsätze (Pseudopodien) aus und legen sich eng aneinander. Gleichzeitig setzen sie zahlreiche Substanzen frei, darunter Adenosindiphosphat (ADP), Thromboxan A_2, Katecholamine und Serotonin. Die drei zuerst genannten Substanzen veranlassen die Thrombozyten dazu, sich fest aneinanderzulagern (Aggregation). Die stärkste derartige Wirkung hat das nur in Gegenwart von Calciumionen (Faktor IV) wirksame ADP, das außer von den Blutplättchen auch von ausströmenden roten Blutzellen (Erythrozyten) freigesetzt wird. Bei der Aggregation werden Fibrinogenmoleküle an die Thrombozytenoberfläche gebunden und dienen als Art Leim zur Blutplättchenverbindung. Durch Hinzuziehung von immer mehr Thrombozyten bildet sich ein Thrombozytenpfropf. Zudem bewirken Thromboxan A_2 und Serotonin eine Anspannung der glatten Gefäßmuskulatur der verletzten Arteriolen oder Venolen, was zu einer Minderdurchblutung der betroffenen Gefäßregion führt (Reparaturischämie).

Die beschriebenen Vorgänge führen innerhalb von 1 bis 3 Minuten nach der Verletzung des Endothelüberzugs des Gefäßes zu einer vorläufigen Stillung der Blutung.

Der entstandene Thrombozytenpfropf ist allerdings nicht in der Lage, die verletzte Gefäßstelle dauerhaft zu verschließen. Dies wird erst durch die Blutgerinnung erreicht.

Der Blutgerinnungsprozeß wird, wie die primäre Hämostase, durch die Gefäß- und Gewebeverletzung ausgelöst und auf zwei verschiedenen Wegen aktiviert: Innerhalb von wenigen Sekunden auf dem exogenen Weg durch das Extrinsic-System und innerhalb von wenigen Minuten auf dem endogenen Weg durch das Intrinsic-System. Die Reaktionen des Extrinsic-Systems beginnen damit, daß durch die Zerstörung von Gewebezellen Gewebethromboplastin (Faktor III) freigesetzt wird, welches hauptsächlich aus Membran-Lipoproteinen besteht, die den plasmatischen Faktor VII aktivieren. Faktor VII aktiviert wiederum den Faktor X, bei dem die nur anfangs getrennten Reaktionswege des Extrinsic- und des Intrinsic-Systems zusammenführen.

Diese Reaktionsstufe wird auf dem endogenen Weg dadurch erreicht, daß zunächst der kontaktlabile Faktor XII durch Kontakt mit der rauhen Oberfläche der verletzten Gewebestruktur in eine enzymatisch wirksame Form überführt wird. Der ausgelöste Reaktionsweg führt zur Aktivierung der Faktoren IX und XI. Diese beiden Faktoren bewirken unter Beteiligung von Calciumionen, des Faktor VIII-Komplexes und von Phospholipiden aus den Thrombozyten die Aktivierung des Faktors X. Für die beiden Reaktionswege des Extrinsic- und des Intrinsic-Systems beginnt hier nun ein gemeinsamer Endweg. Dabei wird zunächst das in der Leber gebildete Prothrombin (Faktor II) durch den Faktor X in das Gerinnungsenzym Thrombin umgewandelt. Auch hier sind wieder Calciumionen und Phospholipide beteiligt. Thrombin spaltet das Bluteiweiß Fibrinogen (Faktor I) in unlösliches Fibrin. Fibrin wird durch Faktor XIII, eine Transglutaminase quervernetzt und so stabilisiert. In der letzten Stufe der Gerinnung ziehen sich die Fibrinfäden unter Einwirkung von Thrombosthenin zusammen, was zu einer mechanischen Verfestigung des Gerinsels führt.

71) Welche der nachfolgenden Aussagen über Thrombozyten läßt bzw. lassen sich aus dem Text ableiten?

I. Die Aggregation von Thrombozyten wird durch Stoffe gefördert, die zum Teil aus den Thrombozyten selbst freigesetzt wurden.
II. Thrombozyten sind sowohl an der Blutstillung als auch an der Blutgerinnung beteiligt.
III. An der Thrombozytenoberfläche kann der Faktor I gebunden werden.

(A) Nur Aussage I läßt sich ableiten.
(B) Nur Aussage II läßt sich ableiten.
(C) Nur Aussagen I und II lassen sich ableiten.
(D) Nur die Aussagen II und III lassen sich ableiten.
(E) Alle drei Aussagen lassen sich ableiten.

72) Welche der nachfolgenden Auswirkungen ist bzw. sind dem Text zufolge bei krankheitsbedingtem Fehlen von Faktor VII zu erwarten?

Bei einer Verletzung ...

I. ... wird es nicht zu einer Stillung der Blutung kommen.
II. ... wird es zu einer Blutstillung, nicht aber zu einer Blutgerinnung kommen.
III. ... ist der exogene Weg der Blutgerinnung unterbrochen.

(A) Nur die Auswirkung I ist zu erwarten.
(B) Nur die Auswirkung II ist zu erwarten.
(C) Nur die Auswirkung III ist zu erwarten.
(D) Nur die Auswirkungen I und III sind zu erwarten.
(E) Nur die Auswirkung II und III sind zu erwarten.

73) Welche der nachfolgenden Aussagen über Hämostasefaktoren ist dem Text zufolge falsch?

(A) Auch die Faktoren V und VI sind an der Hämostase beteiligt.
(B) Der Faktor VIII besteht nicht nur aus dem Von-Willebrand-Faktor.
(C) Ein aus Faktor II entstandenes Enzym kann den Faktor I spalten.
(D) An der Blutstillung und der Blutgerinnung sind Hämostasefaktoren beteiligt.
(E) Der Faktor XIII bildet den Abschluß der Blutgerinnung.

74) Beurteilen Sie die beiden folgenden Aussagen einschließlich ihrer Verknüpfung auf ihre Richtigkeit.

I. Der Faktor X wird hauptsächlich durch den Faktor VII aktiviert, weil
II. der Gerinnungsprozeß über das Extrinsic-System deutlich schneller ausgelöst wird.

(A) Aussage I ist richtig, Aussage II ist richtig, die Verknüpfung ist richtig.
(B) Aussage I ist richtig, Aussage II ist richtig, die Verknüpfung ist falsch.
(C) Aussage I ist richtig, Aussage II ist falsch.
(D) Aussage I ist falsch, Aussage II ist richtig.
(E) Aussage I ist falsch, Aussage II ist falsch.

75) Welche der nachfolgenden Aussagen über Calciumionen sind dem Text zufolge richtig?

I. Calciumionen spielen beim Adhäsionsvorgang eine Rolle.
II. Calciumionen sind bei der Aktivierung des Faktors X beteilgt.
III. Nur in Gegenwart von Calciumionen ist Adenosindiphosphat wirksam.
IV. Ohne Calciumionen ist keine Aggregation möglich.

(A) Nur die Aussagen I und II lassen sich ableiten.
(B) Nur die Aussagen I bis III lassen sich ableiten.
(C) Nur die Aussagen II und III lassen sich ableiten.
(D) Nur die Aussagen II und IV lassen sich ableiten.
(E) Alle vier Aussagen lassen sich ableiten.

76) Welche der nachfolgenden Aussagen ist dem Text zufolge richtig?

(A) Thromboxan A_2 und Serotonin bewirken eine Reparaturischämie.
(B) Thrombozyten können Pseudopodien freisetzen.
(C) Prothrombin ist ein Gerinnungsenzym.
(D) Beim Blutgerinnungsprozeß führt sowohl die primäre als auch die sekundäre Hämostase zur Aktivierung des Faktors X.
(E) Gewebethromboplastin bewirkt die Freisetzung von Membran-Lipoproteinen.

Lösungen zu den Fragen 71 bis 76

71) Lösung: (E).

I. Richtig. Gemeint sind ADP, Thromboxan A_2, und Katecholamine.
II. Richtig. Während sie bei der Blutstillung eine entscheidende Rolle spielen, sind sie bei der Blutgerinnung durch Phospholipidabgaben an der Aktivierung des Faktors X beteiligt.
III. Richtig. Beim Aggregationsprozeß wird Faktor I (Fibrinogen) an der Thrombozytenoberfläche gebunden.

72) Lösung: (C).

I. Falsch. Als Blutstillungsfaktor wird Faktor VII im Text nicht erwähnt.
II. Falsch. Außer der Blutstillung ist auch die Blutgerinnung noch möglich. Während der exogene Weg unterbrochen ist, kann der endogene Reaktionsweg noch ausgeführt werden.
III. Richtig. Faktor VII ist ein Kettenglied des exogenen Weges der Blutgerinnung.

73) Lösung: (E).

(A) Nicht falsch. Von den Faktoren I bis XIII werden diese beiden zwar als einzige nicht erwähnt, da die römische Numerierung sich aber auf die beteiligten Hämostasefaktoren bezieht, ist keineswegs zu entnehmen, daß diese Faktoren nicht beteiligt sind.
(B) Dieses kann anhand des Textes auch nicht als falsch beurteilt werden. Der Von-Willebrand-Faktor wird als eine Komponente des Faktor VIII erwähnt und dieser wird an anderer Stelle als Komplex bezeichnet.
(C) Auch nicht falsch. Das aus Faktor II (Prothrombin) entstandene Enzym (Thrombin) kann den Faktor I (Fibrinogen) spalten.
(D) Nicht falsch. An der Blutstillung ist z.B. der Faktor IV (Calciumionen) beteiligt, an der Blutgerinnung z.B. der Faktor III (Gewebethromboplastin).
(E) Falsch. Nach der durch Faktor XIII bewirkten Quervernetzung des Fibrin kommt erst die letzte Stufe der Gerinnung, in der Thrombosthenin das Gerinnsel verfestigt.

74) Lösung: (D).

Aussage II ist richtig. Die über das Extrinsic-System erfolgende Aktivierung des Faktors X durch Faktor VII erfolgt zuerst. Aus dieser zeitlichen Reihenfolge kann aber nicht gefolgert werden, daß der Faktor X hauptsächlich durch den Faktor VII aktiviert wird, da auch die spätere Aktivierung über das Intrinsic-System durch die Faktoren IX und XI durchaus noch sehr ausschlaggebend sein könnte. Dies läßt der Text offen.

75) Lösung: (C).

I. Falsch. In diesem Zusammenhang werden die Calciumionen nicht erwähnt.
II. Richtig. Die Aktivierung des Faktors X auf dem endogenen Weg geschieht unter Beteiligung von Calciumionen.
III. Richtig. ADP veranlaßt dann die Aggregation von Thrombozyten.
IV. Falsch. Zwar kann dann ADP keine Aggregation bewirken, aber auch Thromboxan A_2 und Katecholamine sind als Aggregation bewirkend beschrieben, so daß eine Aggregation auch ohne Calciumionen nicht ausgeschlossen werden kann.

76) Lösung: (A).

(A) Richtig. Die bewirkte Anspannung der Gefäßmuskulatur der verletzten Arteriolen oder Venolen führt zu einer Minderdurchblutung, die man hier Reparaturischämie nennt.
(B) Falsch. Pseudopodien werden nicht freigesetzt, sondern sind füßchenartige Fortsätze der Thrombozyten.
(C) Falsch. Prothrombin kann lediglich in das Gerinnungsenzym Thrombin umgewandelt werden.
(D) Falsch. Die primäre Hämostase ist die Blutstillung und ist vom Gerinnungsprozeß zu unterscheiden.
(E) Falsch. Im Text steht, daß Gewebethromboplastin hauptsächlich aus Membran-Lipoproteinen besteht.

Text zu den Fragen 77 - 82

Zu den beiden oberen Extremitäten gehören, genau wie zu den unteren, jeweils 30 Knochen, das heißt, daß mehr als die Hälfte der menschlichen Knochen in den Extremitäten zu finden sind. Die oberen und unteren Extremitäten haben die gleiche Knochenanzahl, obwohl die Handwurzel (Carpus) einen Knochen mehr besitzt als die Fußwurzel (Tarsus). Dies erklärt sich dadurch, daß am Ellenbogengelenk ein vergleichbares Gegenstück zur Kniescheibe (Patella) fehlt.
Der Schultergürtel, bestehend aus den beiden Schlüsselbeinen und den beiden Schulterblättern, bildet die Verbindung zwischen der oberen Extremität und dem Rumpf. Das Schultergelenk (Articulatio humeri) stellt den Übergang vom Schultergürtel zur oberen Extremität dar. Die beiden sich im Schultergelenk gegeneinander bewegenden Knochen sind das Schulterblatt (Scapula) und das Oberarmbein (Humerus). Die Anzahl der parallel liegenden Knochen nimmt dann von proximal (rumpfnah) zu distal (rumpffern) zu. Der Humerus ist ein gerader Röhrenknochen, der an seinem proximalen Ende einen halbkugelförmigen Ansatz (Caput humeri) besitzt, der genau in eine pfannenartige Ausbuchtung der Scapula paßt. Das Schultergelenk gehört damit zu den Kugelgelenken. Der halbkugelförmige Gelenkansatz ist durch eine schmale Rinne von dem Längsteil des Humerus, dem anatomischen Hals, abgeteilt. Eine Stelle, wenige Zentimeter distalwärts davon, nennt man den chirurgischen Hals, weil hier die größte Bruchgefährdung des Oberarmbeins lokalisiert ist. Am distalen Ende des Humerus setzt sich das Armskelett durch zwei nebeneinander verlaufende Knochen, die Elle (Ulna) und die Speiche (Radius) fort. Bei der Betrachtung des dazwischenliegenden Ellenbogengelenkes (Articulatio cubiti) können die jeweiligen Verbindungen der genannten drei Knochen als drei separate Gelenke betrachtet werden. Das Verbindungsgelenk zwischen Humerus und Radius (Articulatio humeroradialis) ist seiner Form nach zwar ein Kugelgelenk, kann aber trotzdem nur die dem Ellenbogengelenk entsprechenden Scharnierbewegungen ausführen, weil das Verbindungsgelenk zwischen Humerus und Elle (Articulatio humeroulnaris) ein Scharniergelenk ist und die beiden Unterarmknochen durch eine Bindegewebsplatte (Membrana interossea) fest miteinander verbunden sind. Die Drehbewegungen des Unterarmes werden durch das dritte Teilgelenk des Ellenbogengelenkes, die Articulatio radioulnaris proximalis, ermöglicht. Zeigt die Handfläche nach oben, so liegen Ulna und Radius parallel, wobei die Ulna zur Mitte hin innen liegt und der Radius zur Seite weg außen. Liegt die Handfläche dagegen nach unten, so sind die Unterarmknochen überkreuzt.
Der Radius hat einen von proximal nach distal zunehmenden Durchmesser, die Ulna dagegen einen in dieser Richtung abnehmenden Durchmesser, so daß die Gelenkfläche zu der Handwurzel hauptsächlich vom Radius gebildet wird. Die Durchmesser der beiden dicken Enden der Unterarmknochen sind ungefähr gleich.
Das an die Unterarmknochen anschließende Handskelett gliedert sich in die Handwurzel, die Mittelhand (Metacarpus) und die Finger (Digiti). Die 8 Handwurzelknochen können in eine proximale und eine distale Reihe untergliedert werden. Sie werden von radial- nach ulnarwärts aufgezählt. In dieser Reihenfolge besteht die proximale Reihe aus Os scaphoideum, Os lunatum, Os triquetrum und Os pisiforme, die distale Reihe aus Os trapezium, Os trapezoideum, Os capitatum und Os hamatum. Das an die Handwurzel angrenzende Mittelhandskelett besteht aus 5 Röhrenknochen, den Ossa metacarpalia (Einzahl: Os metacarpale).

An die Mittelhandknochen schließen sich die Fingerknochen, Ossa digitorum manus, an. Die Knochen der Finger bestehen aus je drei Fingerknochen, einer Phalanx proximalis, einer Phalanx media und einer Phalanx distalis, wobei der Daumen (Pollex) als Ausnahme nur 2, nämlich den zuerst und den zuletzt genannten Fingerknochen besitzt. Die Mittelhand- und die Fingerknochen werden jeweils von der Daumenseite beginnend von I bis V durchnumeriert.

77) Welche der nachfolgenden Aussagen läßt bzw. lassen sich dem Text zufolge ableiten?

Die Anzahl der Knochen ...

I. ... im menschlichen Körper beträgt mehr als 240.
II. ... ist in jeder der vier Extremitäten die gleiche.
III. ... in den beiden Fußwurzelknochen zusammen beträgt 14.

(A) Nur Aussage I läßt sich ableiten.
(B) Nur Aussage II läßt sich ableiten.
(C) Nur Aussage III läßt sich ableiten.
(D) Nur die Aussagen II und III lassen sich ableiten.
(E) Alle drei Aussagen lassen sich ableiten.

78) Welche der nachfolgenden Aussagen über die Articulatio cubiti läßt bzw. lassen sich dem Text zufolge ableiten?

I. Die Articulatio cubiti liegt näher am chirurgischen als am anatomischen Hals des Humerus.
II. Außer durch den Humerus wird die Articulatio cubiti durch das dicke Ende des Radius und das dünne Ende der Ulna gebildet.
III. Das den Humerus und die Elle verbindende Gelenk ist seiner Form nach ein Kugelgelenk.

(A) Nur Aussage I läßt sich ableiten.
(B) Nur Aussage II läßt sich ableiten.
(C) Nur Aussage III läßt sich ableiten.
(D) Nur die Aussagen II und III lassen sich ableiten.
(E) Alle drei Aussagen lassen sich ableiten.

79) Welche der nachfolgenden Aussagen über die Handwurzelknochen läßt bzw. lassen sich aus dem Text ableiten?

Legt man die Hände mit der Handfläche nach unten vor sich hin, so befindet sich das ...

I. ... Os scaphoideum zur Seite hin nach außen gelegen.
II. ... Os capitatum der linken Hand rechts vom Os hamatum dieser Hand.
III. ... Os pisiforme näher am Pollex als das Os trapezoideum.

(A) Nur Aussage I läßt sich ableiten.
(B) Nur Aussage II läßt sich ableiten.
(C) Nur Aussage III läßt sich ableiten.
(D) Nur die Aussagen II und III lassen sich ableiten.
(E) Alle drei Aussagen lassen sich ableiten.

80) Welche der nachfolgenden Aussagen über die Anordnung der Knochen der oberen Extremität läßt sich aus dem Text nicht ableiten?

(A) Der Humerus hat Kontakt zu mindestens drei weiteren Knochen.
(B) Die distalen Handwurzelknochen liegen zwischen den Mittelhandknochen und den proximalen Handwurzelknochen.
(C) Das Os metacarpale III liegt in Nachbarschaft zum Phalanx proximalis III, zum Os metacarpale II, zum Os metacarpale IV und zu mindestens einem distalen Handwurzelknochen.
(D) Die Bezeichnung Phalanx media I paßt auf keinen Knochen der Hand.
(E) Distalwärts der Handwurzelknochen folgen noch knapp die Hälfte der Knochen der oberen Extremität.

81) Welche der nachfolgenden Aussagen lassen sich aus dem Text ableiten?

I. Speiche und Elle haben an einer bestimmten Stelle des Unterarms den gleichen Durchmesser.
II. Die Schulterblätter und die Schlüsselbeine sind die Verbindungsteile zwischen Rumpf und oberer Extremität.
III. Die Membrana interossea schränkt die Articulatio humeroulnaris in ihrer Bewegung ein.
IV. Bei nach unten liegender Handfläche liegen die Unterarmknochen nicht parallel.

(A) Nur die Aussagen I und II lassen sich ableiten.
(B) Nur die Aussagen I bis III lassen sich ableiten.
(C) Nur die Aussagen I, II und IV lassen sich ableiten.
(D) Nur die Aussagen II und IV lassen sich ableiten.
(E) Alle vier Aussagen lassen sich ableiten.

82) Welche der nachfolgenden Aussagen läßt sich aus dem Text ableiten?

(A) Der Humerus bricht meistens am anatomischen Hals.
(B) Die Elle hat an der Gelenkfläche zu der Handwurzel gegenüber der Speiche einen relativ geringen Anteil.
(C) Der Pollex bildet unter den Ossa metacarpalia eine Ausnahme.
(D) Sind sowohl Elle als auch Speiche gebrochen, können die Ossa digitorum manus nicht mehr bewegt werden.
(E) Das Os triquetrum liegt distaler als das Os trapezium.

Lösungen zu den Fragen 77 bis 82

77) Lösung: (D).

I. Falsch. Da in den Extremitäten zusammen 4 x 30 Knochen sind und dies laut Text mehr als die Hälfte der menschlichen Knochen sind, muß der Körper insgesamt weniger als 240 Knochen enthalten.
II. Richtig. Jede Extremität enthält 30 Knochen.
III. Richtig. Die aufgezählten Handwurzelknochen ergeben eine Anzahl von acht. Da die Handwurzel einen Knochen mehr enthält als die Fußwurzel, enthält eine Fußwurzel 7, beide zusammen also 14 Knochen.

78) Lösung: (A).

I. Richtig. Der chirurgische Hals liegt distalwärts (körperfern) des anatomischen Halses des Humerus, also näher am Ellenbogengelenk.
II. Falsch. Das dicke Ende der Ulna und das dünne Ende des Radius sitzt am Ellenbogengelenk.
III. Falsch. Das den Humerus und die Speiche verbindende Gelenk ist seiner Form nach ein Kugelgelenk.

79) Lösung: (B).

I. Falsch. Lägen die Handflächen nach oben, wäre die Ulna zur Mitte hin innen und der Radius zu Seite hin außen. Da die Handflächen nach unten liegen, ist es umgekehrt. Vorne an der Hand ist der Radius zur Mitte hin innen, die Ulna zur Seite hin außen. Die Aufreihung der Handwurzelknochen aus dem Text muß demnach von der Mitte innen beginnend zur Seite außen hin verstanden werden. Das Os scaphoideum liegt also bei nach unten zeigender Handfläche zur Mitte hin innen.
II. Richtig, siehe Erklärung zu I und Aufreihung im Text.
III. Falsch. Unabhängig von der Stellung der Hand befindet sich das Os trapezoideum immer näher am Daumen als das Os pisiforme.

80) Lösung: (E).

(A) Richtig. Erwähnt werden Schulterblatt, Elle und Speiche.
(B) Richtig laut Text.
(C) Richtig. Die von allen vier Richtungen anstoßenden Knochen werden aufgeführt.
(D) Richtig. Der Daumen besitzt keinen mittleren Fingerknochen.
(E) Falsch. Es folgen noch 5 Ossa metacarpalia und 14 Ossa digitorum manus, also insgesamt mehr als die Hälfte der Knochen der oberen Extremität.

81) Lösung: (C).

I. Richtig. Da proximal die Elle dicker ist und distal die Speiche, muß irgendwo im Verlauf der Durchmesser gleich sein.
II. Richtig. Schulterblätter und Schlüsselbeine bilden den Schultergürtel, der Rumpf und obere Extremität verbindet.
III. Falsch. Die Membrana interossea verbindet Elle und Speiche und schränkt damit nur die Articulatio humeroradialis in ihrer Bewegung ein, da dieses Gelenk der Form nach ein Kugelgelenk ist.
IV. Richtig. Elle und Speiche sind dann überkreuzt.

82) Lösung: (B).

(A) Falsch. Er bricht oft am chirurgischen Hals.
(B) Richtig. Der Durchmesser der Speiche ist distal am Handwurzelgelenk dicker als der Durchmesser der dort dünnen Elle.
(C) Falsch. Der Pollex (Daumen) gehört nicht zu den Ossa metacarpalia.
(D) Falsch. Über die Bewegungsfähigkeit nach einem Bruch wird im Text nichts ausgesagt.
(E) Falsch. Das Os triquetrum gehört zu der proximalen Reihe der Handwurzelknochen, das Os trapezium zu der distalen Reihe.

Text zu den Fragen 83 - 88

Der normale Zyklus der Frau dauert ca. 28 Tage und unterliegt einer hormonellen Steuerung, die in mehreren Stufen abläuft. Sie nimmt ihren Ausgang im Hypothalamus, einem Teil des Zwischenhirns. Hier werden sogenannte Releasinghormone abgegeben, die auf die benachbarte Hirnanhangdrüse (Hypophyse) einwirken und diese wiederum zur Hormonsekretion veranlassen. Durch das Gonadotropin-Releasing-Hormon (GnRH) des Hypothalamus stimuliert, setzt die Hypophyse ab dem Ende der Regelblutung, die vom 1. bis zum 5. Tag des Zyklus dauert, etwa bis zum 15. Tag des Zyklus das follikelstimulierende Hormon (FSH) sowie das luteinisierende Hormon (LH) frei. Durch das follikelstimulierende Hormon wird zyklenweise abwechselnd in einem der beiden Eierstöcke (Ovarien) der Frau die Reifung eines Eifollikels bewirkt. Der Follikel setzt während seiner Reifungsphase in zunehmendem Maße das Hormon Östrogen frei. Östrogen führt zu einer Wucherung (Proliferation) der Gebärmutterschleimhaut auf das Vierfache der vorherigen Dicke, weshalb diese vom 5. bis zum 15. Tag dauernde Reifungsphase auch Proliferationsphase genannt wird. Außerdem bewirkt die steigende Östrogenproduktion eine Zunahme der LH-Absonderung in der Hypophyse. Am Ende der Proliferationsphase kommt es schließlich durch die nun stark gesteigerte Östrogenproduktion des reifen Follikels zu einem steilen Ansteigen der LH-Produktion, wodurch die als Eisprung bzw. Ovulation bezeichnete Abgabe der gereiften Eizelle aus dem Innern des Follikels herbeigeführt wird. Der Follikel, in seinem reifem Zustand vor der Ovulation als Graafscher Follikel bezeichnet, wird nach der Abgabe der Eizelle zum Gelbkörper (Corpus luteum) und setzt mehr und mehr das Hormon Progesteron frei. Es beginnt die vom 15. bis zum 28. Tag andauernde Gelbkörperphase (Lutealphase). Der mit der Ovulation verbundene Übergang von einer östrogendominierten Phase zu einer progesterondominierten Phase ist äußerlich an einem Anstieg der von den Hormonen unterschiedlich beeinflußten Körpertemperatur erkennbar. Progesteron bewirkt außerdem die Erhaltung der verdickten Gebärmutterschleimhaut und hemmt im Hypothalamus die Freisetzung des Gonadotropin-Releasing-Hormons, wodurch auch die FSH- und die LH-Abgabe der Hypophyse minimiert wird, so daß nicht verfrüht weitere Follikel heranreifen können. Die nach der Ovulation freigegebene Eizelle verläßt das Ovar und wird von der trichterförmigen Öffnung des Eileiters aufgenommen. Kommt es zu keiner Befruchtung, so bildet sich der Gelbkörper ab dem 26. Tag des Zyklus zurück und die Progesteronproduktion nimmt rasch ab. Dadurch verliert die Gebärmutterschleimhaut ihren erhaltenden Faktor und wird nach und nach abgebaut. Es kommt vom 1. bis zum 5. Tag des neuen Zyklus zur Monatsblutung, bei der die unbefruchtete Eizelle aus dem Körper abgeht. Die Hemmung des Gonadotropin-Releasing-Hormons verliert sich durch die rückläufige Progesteronkonzentration ebenfalls, wodurch erneut FSH und LH aus der Hypophyse freigesetzt werden und eine erneute Follikelreifung beginnt.
Kommt es zu einer Befruchtung, geschieht dies meist auf dem Weg der Eizelle durch den Eileiter. Die befruchtete Eizelle heißt Zygote und gelangt durch den Eileiter in die Gebärmutter, wo sie sich einnistet. Die sich nahe an der Frucht aufbauende Plazenta spielt nicht nur zur Ernährung derselben eine entscheidende Rolle, sondern auch als hormonproduzierendes Organ. Das wichtigste dieser Hormone ist das humane Choriongonadotropin (HCG). HCG kann bereits eine Woche nach der Befruchtung nachgewiesen werden. Es wirkt erhaltend und stimulierend auf den Gelbkörper, so daß die Progesteronproduktion anhält und sowohl die Gebärmutterschleimhaut erhalten bleibt als auch eine Reifung weiterer Follikel unterbunden bleibt. Da das Schwangerschaftshormon HCG auch über den Urin abgegeben wird, basieren Schwangerschaftstests meist auf einem HCG-Nachweis im Urin.

83) Welche der folgenden Aussagen über die Gebärmutterschleimhaut trifft dem Text zufolge zu?

(A) Nach der Monatsblutung ist sie vollständig abgebaut.
(B) Das die Gebärmutterschleimhaut aufbauende Hormon hat auf die LH-Produktion eine ähnliche Wirkung wie das GnRH.
(C) Die Gebärmutterschleimhaut wird in der Lutealphase abgebaut.
(D) Progesteron bewirkt die Verdickung der Gebärmutterschleimhaut.
(E) Nach einer Befruchtung baut sich die Gebärmutterschleimhaut rasch ab.

84) Welche der folgenden Aussagen über die Hormone der Frau ist dem Text zufolge falsch?

(A) Die Ovulation wird durch das luteinisierende Hormon bewirkt.
(B) GnRH stimuliert die Hypophyse.
(C) Progesteron wird vom Corpus luteum stets nur bis zum 26. Tag des Zyklus produziert.
(D) HCG wird nur während der Schwangerschaft gebildet.
(E) FSH ist ein Hormon der Hirnanhangdrüse.

85) Welche der folgenden Aussagen über die Ovarien der Frau läßt bzw. lassen sich aus dem Text ableiten?

I. Der Zeitraum zwischen zwei Ovulationen in einem Ovar beträgt ca. 56 Tage.
II. Während der Ovulation gibt das Ovar den Graafschen Follikel in den Eileiter ab.
III. Innerhalb der Ovarien wird während einer Schwangerschaft Choriongonadotropin produziert.

(A) Nur die Aussage I läßt sich ableiten.
(B) Nur die Aussage II läßt sich ableiten.
(C) Nur die Aussage III läßt sich ableiten.
(D) Nur die Aussagen I und II lassen sich ableiten.
(E) Nur die Aussagen II und III lassen sich ableiten.

86) Welche der nachfolgenden Aussagen über den Zyklus der Frau läßt bzw. lassen sich dem Text zufolge ableiten?

I. Während der Proliferationsphase ist die Körpertemperatur niedriger als während der Lutealphase.
II. Die hormonelle Steuerung des Zyklus geht vom Zwischenhirn aus.
III. Mit dem Ende der Monatsblutung beginnt die Zählung eines neuen Zyklus.

(A) Nur die Aussage I läßt sich ableiten.
(B) Nur die Aussage II läßt sich ableiten.
(C) Nur die Aussage III läßt sich ableiten.
(D) Nur die Aussagen I und II lassen sich ableiten.
(E) Nur die Aussagen II und III lassen sich ableiten.

87) Welche der folgenden Aussagen über das Corpus luteum ist dem Text zufolge richtig?

(A) Der reifende Follikel wird als Corpus luteum bezeichnet.
(B) Das Corpus luteum produziert hauptsächlich Östrogen.
(C) Nach einer Befruchtung wird das Corpus luteum durch HCG abgebaut.
(D) Aus dem Corpus luteum entwickelt sich nach der Abgabe der Eizelle der Graafsche Follikel.
(E) Das im Corpus luteum gebildete Hormon hemmt die GnRH-Freisetzung.

88) Einer Frau wird ab dem Ende ihrer Monatsblutung regelmäßig das Hormon Progesteron verabreicht. Welche der nachfolgenden Auswirkungen ist bzw. sind dem Text zufolge zu erwarten?

I. Eine Follikelreifung wird verhindert.
II. Es wird vermehrt Östrogen produziert.
III. Die Körpertemperatur ist höher, als sie ohne die Verabreichung von Progesteron wäre.

(A) Nur die Auswirkung I ist zu erwarten.
(B) Nur die Auswirkung II ist zu erwarten.
(C) Nur die Auswirkungen I und III sind zu erwarten.
(D) Nur die Auswirkungen II und III sind zu erwarten.
(E) Alle drei Auswirkung sind zu erwarten.

Lösungen zu den Fragen 83 bis 88

83) Lösung: (B).

(A) Falsch. In der Proliferationsphase verdickt sich die Gebärmutterschleimhaut auf das vierfache. Das heißt, daß sie auch sonst, wenn auch dünner, vorhanden ist.
(B) Richtig. Das die Gebärmutterschleimhaut aufbauende Hormon ist das Östrogen. Östrogen wirkt auf die LH-Produktion ebenso stimulierend wie das GnRH des Hypothalamus.
(C) Falsch. Sie wird bis zum Ende der Lutealphase erhalten und erst dann mit der Regelblutung zur Folge abgebaut.
(D) Falsch. Progesteron wirkt nur erhaltend. Das die Gebärmutterschleimhaut aufbauende Hormon ist das Östrogen.
(E) Falsch. Im Falle einer Befruchtung bleibt die Gebärmutterschleimhaut erhalten.

84) Lösung: (C).

(A),(B),(D) und (E) Richtig laut Text.
(C) Falsch. Im Falle einer Schwangerschaft bleibt der Corpus luteum erhalten, und die Progesteronbildung setzt sich über den 26. Tag hinaus fort.

85) Lösung: (A).

I. Richtig. Da sich die beiden Ovarien abwechseln und ein Zyklus 28 Tage dauert, findet im gleichen Ovar ungefähr alle 56 Tage eine Ovulation statt.
II. Falsch. Der Graafsche Follikel bleibt im Ovar. Lediglich die aus ihm hervorgehende Eizelle verläßt das Ovar.
III. Falsch. Choriongonadotropin wird in der Plazenta produziert.

86) Lösung: (D).

I. Richtig. Zum Zeitpunkt der Ovulation, die den Übergang von der Proliferationsphase zur Lutealphase darstellt, steigt die Körpertemperatur an.
II. Richtig. Die hormonelle Steuerung geht vom Zwischenhirn aus und zwar vom Hypothalamus.
III. Falsch. Mit dem Anfang einer Monatsblutung beginnt die Zählung eines neuen Zyklus.

87) Lösung: (E).

(A) Falsch. Der Follikel wird erst nach seiner Reifung und nach der Abgabe der Eizelle als Corpus luteum bezeichnet.
(B) Falsch. Der Corpus luteum produziert hauptsächlich Progesteron.
(C) Falsch. Er wird in diesem Fall nicht abgebaut, sondern von dem Schwangerschaftshormon HCG erhalten.
(D) Falsch. Umgekehrt entwickelt sich aus dem Graafschen Follikel nach der Eiabgabe das Corpus luteum.
(E) Richtig. Progesteron hemmt die GnRH-Freisetzung des Hypothalamus.

88) Lösung: (C)

I. Richtig. Progesteron hemmt im Hypothalamus die Freisetzung des Gonadotropin-Releasing-Hormons, so daß auch die FSH- und die LH-Abgabe der Hypophyse minimiert wird und die Heranreifung eines Follikels verhindert wird.
II. Falsch. Da Östrogen vor allem vom heranreifenden Follikel produziert wird, dessen Reifung aber unterbunden ist, wird weniger Östrogen als sonst produziert.
III. Richtig. Die östrogendominierte Phase ist durch eine niedrigere Körpertemperatur gekennzeichnet, so daß die Unterbindung dieser Phase durch Progesteron zu einer höheren Temperatur führen wird, ähnlich wie während der Lutealphase.

Text zu den Fragen 89 - 94

Die Sonne sendet elektromagnetische Wellen sehr unterschiedlicher Länge aus, von denen das für das menschliche Auge sichtbare Licht nur einen kleinen Ausschnitt darstellt. Der Energiegehalt einer Strahlung ist um so größer, je kürzer ihre Wellenlänge und je höher ihre Frequenz ist. Mit zunehmender Wellenlänge nimmt die Frequenz einer Strahlung ab. Das für die Hautbräunung verantwortliche ultraviolette Licht ist kurzwelliger als das sichtbare Licht. Man unterscheidet UV-A-Strahlen mit Wellenlängen von 320 bis 400 nm, UV-B-Strahlen mit Wellenlängen von 280 bis 320 nm und UV-C-Strahlen mit Wellenlängen von 200 bis 280 nm. Menschen verschiedener Rassen besitzen unterschiedliche Empfindlichkeit gegen UV-Strahlung. Den wichtigsten Schutz für die Haut bieten die Pigmente, Farbkörner, die Melanin enthalten. Dieses Melanin wird in spezialisierten Zellen, den Melanozyten gebildet, von denen schwarze und andere dunkelhäutige Rassen wesentlich mehr besitzen, als weiße Rassen. Jene können also mehr Melaninfarbstoff bilden und sind deshalb besser gegen Sonnenstrahlung geschützt. Fortsätze der Melanozyten erstrecken sich in die Basalschicht der Oberhaut und in die basalen Zellen der Haarzwiebeln und geben dort Pigmentkörnchen in die Epidermiszellen bzw. Zellen des Haares ab. Die Produktion von Melanin wird durch Sonnenlicht induziert. Dieser Effekt hängt dabei von dem Energiegehalt und der damit verbundenen Eindringtiefe einer Strahlung ab. Die Eindringtiefe nimmt von UV-A nach UV-C ab. Obwohl UV-C-Strahlen vom Energiegehalt den Röntgenstrahlen nahe kommen und für den Menschen nicht ungefährlich sind, dringen sie nur bis zur obersten Hornschicht ein und spielen darum für den Bräunungseffekt keine Rolle. UV-A-Strahlen dringen tief in die Haut ein, sind dabei aber relativ energiearm, so daß sie, ohne die Haut zu schädigen, den Pigmentierungsprozeß in den Melanozyten auslösen. UV-B-Strahlung dringt weniger tief, aber noch bis zu den Melanozyten und den entzündungsbereiten Bindegewebsschichten ein und ist gleichzeitig energiereich genug, um bei längerer Einstrahlung einen Sonnenbrand zu verursachen. Es handelt sich dabei um eine Entzündungsreaktion, die durch von der UV-Strahlung aktivierte Wirkstoffe (Mediatoren) im Gewebe ausgelöst wird. Ein bis zwei Stunden nach der UV-B-Bestrahlung kommt es zu einer Erweiterung der oberflächlichen Gefäße mit einem Austritt von Blutflüssigkeit in die Haut (Ödembildung). Sechs bis zwölf Stunden später beginnt eine Auswanderung von Monozyten aus dem Gefäßsystem, die nach etwa einem Tag ihren Höhepunkt erreicht. In der Oberhaut (Epidermis) entsteht eine vorzeitige Zellverhornung, die sich nach einigen Tagen zurückbildet. Ist die Sonneneinwirkung aber dauerhaft (mehrere Stunden), kommt es in der Epidermis zu einer Verdickung, einer sogenannten Lichtschwiele, was als kurzfristige Notmaßnahme des Körpers angesehen werden kann. Die Lichtschwiele bietet eine Strahlenabschirmung, die einer Sonnenschutzcreme vom Faktor 6 bis 10 entspricht. Dadurch kann nur noch wenig UV-Strahlung in die tieferen Hautschichten, in denen die Melanozyten sitzen, vordringen. Dies führt nun aber dazu, daß der langfristige Schutzeffekt durch Pigmentbildung kaum mehr gefördert wird.

Der negativste Effekt bei einer derart massiven Bestrahlung liegt allerdings in den vielfachen Veränderungen, die die DNA, das Erbgut in den Zellkernen der Hautzellen, erfährt. Diese Mutationsdefekte müssen durch körpereigene Reparaturenzyme beseitigt werden. Während gelegentliche Sonnenbäder relativ ungefährlich sind, wächst bei häufiger, starker Bestrahlung der Haut die Wahrscheinlichkeit, daß nicht alle geschädigten Stellen ausgebessert werden können und dann im schlimmsten Fall ein bösartiger Hautkrebs (Melanom) entsteht.

89) Welche der nachfolgenden Aussagen über UV-Strahlen ist dem Text zufolge richtig?

(A) Die meisten von der Sonne ausgesendeten elektromagnetischen Wellen sind für das menschliche Auge sichtbar.
(B) Das sichtbare Licht hat eine niedrigere Frequenz als UV-Strahlung.
(C) Strahlen mit der Wellenlänge 280 nm liegen auf dem Grenzbereich zwischen UV-A und UV-B.
(D) Der am tiefsten in die Haut eindringende UV-Strahlungstyp hat die höchste Frequenz.
(E) UV-A-Strahlen sind energiereicher als UV-B-Strahlen.

90) Welche der folgenden Aussagen über die Wirkung von UV-Strahlung auf die Haut läßt sich aus dem Text ableiten?

(A) UV-B-Strahlen können zu einem Ödem führen.
(B) Der durch UV-C-Strahlen ausgelöste Bräunungseffekt ist eine Schutzreaktion der Haut.
(C) Je tiefer UV-Strahlung in die Haut eindringt, desto schädlicher ist sie.
(D) Nur durch UV-A-Bestrahlung wird die Bildung von Melanin ausgelöst.
(E) Durch UV-A-Strahlung kann im schlimmsten Fall ein Melanom entstehen.

91) Welche der nachfolgenden Auswirkungen ist bzw. sind bei einer einmaligen, mehrstündigen Sonnen-UV-Bestrahlung nicht zu erwarten?

I. Auswanderung von Monozyten aus dem Gefäßsystem.
II. In der Epidermis bildet sich eine Lichtschwiele.
III. Entstehung eines Melanoms.

(A) Nur die Auswirkung I ist nicht zu erwarten.
(B) Nur die Auswirkung II ist nicht zu erwarten.
(C) Nur die Auswirkung III ist nicht zu erwarten.
(D) Nur die Auswirkungen I und II sind nicht zu erwarten.
(E) Nur die Auswirkungen II und III sind nicht zu erwarten.

92) Welche der nachfolgenden Aussagen über Melanin läßt bzw. lassen sich aus dem Text ableiten?

I. Melanin enthält Farbkörner, die Pigmente genannt werden.
II. Melanin kann im schlimmsten Fall zur Entstehung eines Melanoms führen.
III. In den tieferen Hautschichten wird kein Melanin produziert.

(A) Nur Aussage I läßt sich ableiten.
(B) Nur Aussage II läßt sich ableiten.
(C) Nur Aussage III läßt sich ableiten.
(D) Nur die Aussagen I und III lassen sich ableiten.
(E) Keine der drei Aussagen läßt sich ableiten.

93) Welche der nachfolgenden Aussagen über den Ablauf eines Sonnenbrandes läßt sich aus dem Text nicht ableiten?

(A) Ein Sonnenbrand kann dadurch entstehen, daß UV-B-Strahlen Mediatoren aktivieren, die eine Entzündungsreaktion im Gewebe bewirken.
(B) Die Auswanderung von Monozyten aus dem Gefäßsystem dauert mindestens 12 Stunden lang.
(C) In der Epidermis finden sich einige Tage lang vermehrt verhornte Zellen.
(D) Durch die Bildung einer Lichtschwiele während der Entstehung eines Sonnenbrandes wird die Melaninproduktion einschränkt.
(E) Bildet der Körper rechtzeitig eine Lichtschwiele, so wird dadurch die Entstehung eines Sonnenbrandes verhindert.

94) Welche der nachfolgenden Aussagen läßt bzw. lassen sich aus dem Text ableiten?

I. Die schwarze Rasse besitzt mehr spezialisierte Zellen als die weiße.
II. Sonnenstrahlen können die DNA der Hautzellen verändern.
III. Bei Menschen der weißen Rasse entsteht ein Melanom schon durch weniger Sonnenbäder mit der gleichen Wahrscheinlichkeit als bei der schwarzen Rasse.

(A) Nur Aussage I läßt sich ableiten.
(B) Nur Aussage II läßt sich ableiten.
(C) Nur Aussage III läßt sich ableiten.
(D) Nur die Aussagen II und III lassen sich ableiten.
(E) Keine der Aussagen läßt sich ableiten.

Lösungen zu den Fragen 89 bis 94

89) Lösung: (B).

(A) Falsch. Das für das menschliche Auge sichtbare Licht stellt nur einen kleinen Ausschnitt der von der Sonne ausgesandten Strahlung dar.
(B) Richtig. Das ultraviolette Licht ist kurzwelliger und hat damit eine höhere Frequenz als das sichtbare Licht.
(C) Falsch. 280 nm ist der Grenzbereich von UV-B- zu UV-C-Strahlung.
(D) Falsch. UV-A-Strahlen dringen am tiefsten in die Haut ein. Sie haben von den UV-Strahlungstypen die längste Wellenlänge und damit die niedrigste Frequenz.
(E) Nein, je kürzer die Wellenlängen, desto energiereicher. Also sind UV-B-Strahlen energiereicher als UV-A-Strahlen.

90) Lösung: (A).

(A) Richtig. UV-B-Strahlen können einen Sonnenbrand verursachen, zu dessen Auswirkungen dann auch eine Ödembildung gehört.
(B) Falsch. UV-C-Strahlen spielen für den Bräunungseffekt keine Rolle.
(C) Falsch. Obwohl UV-A-Strahlung am tiefsten in die Haut eindringt, ist sie unschädlicher als UV-B-Strahlung, da sie energiearm ist.
(D) Falsch. Daß dies ausschließlich durch UV-A-Strahlung geschieht, steht nicht im Text. Auch UV-B-Strahlen dringen bis zu den Melanozyten vor und sind am Pigmentierungsprozeß beteiligt.
(E) Falsch. UV-A-Strahlen sind energiearm und schädigen deshalb die Haut nicht.

91) Lösung: (C)

I. Falsch. Dies ist im Rahmen eines entstandenen Sonnenbrandes nicht auszuschließen.
II. Falsch. Dies ist ebenfalls im Rahmen eines entstandenen Sonnenbrandes nicht auszuschließen.
III. Richtig. Dies ist bei einer einmaligen UV-Bestrahlung nicht zu erwarten, da die Entstehung eines Melanoms nur bei häufiger Bestrahlung wahrscheinlich wird.

92) Lösung: (E).

I. Umgekehrt. Die Pigmente enthalten Melanin.
II. Falsch. Nur massive Bestrahlung wird im Text als Auslöser für die Entstehung eines Melanoms genannt.
III. Falsch. Die Melanozyten, in denen das Melanin produziert wird, sitzen in den tieferen Hautschichten.

93) Lösung: (E).

(A) Richtig laut Text (oberhalb letztem Drittel).
(B) Richtig. Da dieser Prozeß jeweils bezogen auf die Bestrahlung nach 6 bis 12 Stunden beginnt und erst nach einem Tag seinen Höhepunkt erreicht, dauert er mindestens 12 Stunden.
(C) Richtig. Es entsteht dort eine vorzeitige Zellverhornung, die sich erst nach einigen Tagen zurückbildet.
(D) Richtig. Eine Lichtschwiele schirmt die UV-Strahlung zu einem großen Teil ab, so daß die Melaninproduktion in den tiefer sitzenden Melanozyten kaum noch angeregt wird.
(E) Falsch. Eine Lichtschwiele verhindert nicht die Entstehung eines Sonnenbrandes, sondern ist Teilerscheinung eines Sonnenbrandes und verhindert bei dauerhafter Sonneneinstrahlung als kurzfristige Notmaßnahme weitere, tiefergehende Schädigungen der Haut.

94) Lösung: (D).

I. Falsch. Zu allgemein.
II. Richtig laut Text (letzter Abschnitt).
III. Richtig, da dunkelhäutige Menschen wesentlich mehr Melanozyten besitzen, die den schützenden Melaninfarbstoff bilden, wird die Haut pro Sonnenbad weniger geschädigt.

Text zu den Fragen 95 - 100

Gehirn und Rückenmark sind von drei verschiedenen Häuten umgeben: Der äußeren, sehr stabilen Dura mater, der mittleren Arachnoidea und der inneren Pia mater. Die Pia mater liegt dem Gehirn mit seinen Windungen und dem Rückenmark direkt auf, während die Arachnoidea und die Dura mater der Innenseite des Gehirnschädels und des Wirbelkanals der Wirbelsäule anliegen. Durch diese Anordnung entsteht zwischen der Pia mater und der Arachnoidea ein Spaltraum unterschiedlicher Dicke, der Subarachnoidalraum. Dieser Raum ist mit einer Flüssigkeit, dem Liquor cerebrospinalis gefüllt. Auch im Inneren des Gehirns gibt es ein liquorgefülltes Hohlraumsystem, das in vier Kammern, in die sogenannten Ventrikel unterteilt ist. In jeder Gehirnhälfte (Hemisphäre) ist ein großer, langgezogener Ventrikel. Diese beiden sich symmetrisch entsprechenden Ventrikel werden Seitenventrikel oder einfach Ventrikel I und II genannt. Von jedem dieser Kammern geht ein Verbindungskanal (Foramina interventricularia) zu dem auf der Mittelachse gelegenen dritten Ventrikel, der wiederum einen Abflußkanal (Aquaeductus cerebri) zu dem weiter unten gelegenen vierten Ventrikel hat. Dieser schließlich hat drei Verbindungen zum Subarachnoidalraum: Die beiden seitlichen Aperturae laterales und eine mittlere Apertura mediana.

Die vollständige Flüssigkeitslagerung des Gehirns führt zu einem effektiven mechanischen Schutz bei ruckartigen Kopfbewegungen oder Erschütterungen. Außerdem sind die an der Unterseite des Gehirns (basal) gelegenen Blutgefäße nicht gefährdet, durch das Gewicht des Gehirns abgeklemmt zu werden.

An bestimmten Stellen innerhalb der vier Ventrikel finden sich Aderhautgeflechte (Plexus chorioidei), in denen der Liquor cerebrospinalis gebildet und abgegeben wird. Aufgrund der veränderten Zusammensetzung gegenüber dem Blut, die der Liquor bei seiner Abspaltung aus dem Blut erfährt, spricht man von einer Blut-Liquor-Schranke. Die Flußrichtung geht von den Seitenventrikeln über den dritten und vierten Ventrikel nach außen in den Subarachnoidalraum, wo die Flüssigkeit über knopfförmige Durchtrittsstellen (Granulationes arachnoideales) zu Venen abfließt, die aus der Dura mater gebildet werden.

Ein erwachsener Mensch besitzt 150 ml Liquor, wobei pro Tag ungefähr die vierfache Menge gebildet und resorbiert wird. Klinische Bedeutung kommt diesem Durchflußsystem zu, wenn es auf Kosten der Hirnsubstanz zu einer Erweiterung der Liqourräume kommt (Hydrocephalus). Die Erweiterung der Liquorräume kann, wenn sie passive Folge von Hirnschwund ist, ohne Druckerhöhung stattfinden (Hydrocephalus e vacuo). Meist liegt die Ursache für einen Hydrocephalus aber darin, daß mehr Liquor produziert als resorbiert wird, was zu einem erhöhten Innendruck der betroffenen Bereiche führt. Während dies selten durch eine gesteigerte Liquorproduktion in den Plexus chorioidei (Hydrocephalus hypersecretorius) oder einer Resorptionsunfähigkeit der Granulationes arachnoideales (Hydrocephalus arresorptivus) zustande kommt, ist die häufigere Ursache eine Blockade der liquorführenden Wege (Hydrocephalus occlusus), wodurch es zu einer Erweiterung der zwischen Plexus chorioideus und Verschlußstelle liegenden Ventrikel kommt.

Dem Liquor cerebrospinalis kommt außerdem diagnostische Bedeutung beim Verdacht auf bestimmte Krankheiten zu. Die Entnahme erfolgt durch eine Lumbalpunktion im Bereich der Lendenwirbel oder durch Subokzipitalpunktion im hinteren, oberen Halsbereich. Obwohl der Liquor aus dem Blut stammt, hat er nur ein dreihundertstel des Bluteiweißgehaltes und ist wasserklar.

Verfärbungen sind als Krankheitssymptome zu werten. Rötlicher Liquor deutet auf Blutungen im Subarachnoidalraum hin. Bei gelblichen Verfärbungen liegt eine dort lokalisierte Blutung schon länger zurück oder aber zerfallene Blutfarbstoffe wurden aus dem Blut in den Liquor übertragen, was bei einer Gelbsucht möglich ist. Auch ein erhöhter Eiweißgehalt des Liquors führt zu Gelbfärbung. Eine vermehrte Anzahl von Leukozyten im Liquor kann ein Hinweis auf eine Entzündung sein. Auch das Verhältnis des Zuckergehalts im Liquor gegenüber dem im Blutserum kann Informationen über eine Erkrankung liefern.

95) Welche der nachfolgenden Aussagen läßt bzw. lassen sich aus dem Text ableiten?

Der Subarachnoidalraum ...

I. ... ist ein Spaltraum unterschiedlicher Dicke zwischen der Arachnoidea und der Dura mater.
II. ...enthält beim Erwachsenen im Normalzustand unter 150 ml Liquor.
III. ...hat drei Zuläufe aus dem vierten Ventrikel.

(A) Nur die Aussage I läßt sich ableiten.
(B) Nur die Aussage II läßt sich ableiten.
(C) Nur die Aussagen I und III lassen sich ableiten.
(D) Nur die Aussagen II und III lassen sich ableiten.
(E) Alle drei Aussagen lassen sich ableiten.

96) Welche Ursache kann es haben, wenn der Druck sich in den Seitenventrikeln und im dritten Ventrikel erhöht, während sowohl im vierten als auch im Subarachnoidalraum keine Druckerhöhung vorliegt.

(A) Eine Verengung des Aquaeductus cerebri.
(B) Eine Verengung der Aperturae laterales und der Apertura mediana.
(C) Eine Verengung der Foramina interventricularia.
(D) Eine übermäßige Liquorproduktion.
(E) Ein Resorptionsdefizit der Granulationes arachnoideales.

97) Welche der nachfolgenden Aussagen läßt bzw. lassen sich aus dem Text ableiten?

I. Liquor cerebrospinalis kann im Bereich der Lendenwirbel aus dem Subarachnoidalraum entnommen werden.
II. Kommt es auf Kosten der Liquorräume zu einer Erweiterung der Hirnsubstanz spricht man von einem Hydrocephalus.
III. Bei der Bildung des Liquors aus dem Blut spricht man von einer Blut-Gehirn-Schranke.

(A) Nur die Aussage I läßt sich ableiten.
(B) Nur die Aussage II läßt sich ableiten.
(C) Nur die Aussage III läßt sich ableiten.
(D) Nur die Aussagen I und II lassen sich ableiten.
(E) Nur die Aussagen II und III lassen sich ableiten.

98) Welche der nachfolgenden Strukturaufzählungen entspricht der Flußrichtung des Liquor cerebrospinalis?

(A) Plexus chorioidei - Seitenventrikel - vierter Ventrikel - Granulationes arachnoideales - Subarachnoidalraum.
(B) Seitenventrikel - Foramina interventricularia - dritter Ventikel - Apertura laterales - vierter Ventrikel - Subarachnoidalraum.
(C) Erster Ventrikel - Foramina interventricularia - zweiter Ventrikel - dritter Ventrikel - vierter Ventrikel.
(D) Plexus chorioidei - Aquaeductus cerebri - Aperturae laterales - Seitenventrikel - Granulationes arachnoideales.
(E) Foramina interventricularia - dritter Ventrikel - Aquaeductus cerebri - Apertura mediana - Granulationes arachnoideales.

99) Welche der nachfolgenden Aussagen über den Liquor cerebrospinalis läßt bzw. lassen sich aus dem Text ableiten?

I. Eine Liquorproduktion von 600 ml pro Tag kann bei einem Erwachsenen als normal angesehen werden.
II. Verändert sich der Eiweißgehalt des Liquor auf ein Fünfhundertstel des Bluteiweißgehalts, ist mit einer Gelbfärbung zu rechnen.
III. Der Liquor fließt vom Subarachnoidalraum aus zu bestimmten Venen ab.

(A) Nur die Aussage I läßt sich ableiten.
(B) Nur die Aussage II läßt sich ableiten.
(C) Nur die Aussage III läßt sich ableiten.
(D) Nur die Aussagen I und II lassen sich ableiten.
(E) Nur die Aussagen I und III lassen sich ableiten.

100) Welche der nachfolgenden Aussagen über Hydrocephalus läßt bzw. lassen sich aus dem Text ableiten?

I. Wird mehr Liquor produziert, als resorbiert wird, spricht man von einem Hydrocephalus hypersecretorius.
II. Bei einem Hydrocephalus arresorptivus kommt es zu einer Drucksteigerung aller Ventrikel und des Subarachnoidalraums.
III. Ein Hydrocephalus e vacuo kann zu Hirnschwund führen.

(A) Nur die Aussage I läßt sich ableiten.
(B) Nur die Aussage II läßt sich ableiten.
(C) Nur die Aussage III läßt sich ableiten.
(D) Nur die Aussagen I und II lassen sich ableiten.
(E) Nur die Aussagen II und III lassen sich ableiten.

Lösungen zu den Frage 95 bis 100

95) Lösung: (D).

I. Falsch. Der Subarachnoidalraum liegt zwischen der Arachnoidea und der Pia mater.
II. Richtig. Die insgesamt vorhandene Liquormenge beträgt 150 ml, wovon ein Teil in den Ventrikeln ist und somit unter 150 ml im Subarachnoidalraum.
III. Richtig. Die beiden Aperturae laterales und die Apertura mediana.

96) Lösung: (A).

Da der Druck von der Bildungsstelle des Liquor bis einschließlich dem dritten Ventrikel erhöht ist, im weiteren Verlauf aber nicht mehr, muß die Verengung im Zulauf vom dritten in den vierten Ventrikel liegen, also im Aquaeductus cerebri.

97) Lösung: (A).

I. Richtig. Auch das Rückenmark ist von den Häuten umgeben, die den Subarachnoidealraum bilden und kann an beschriebener Stelle punktiert werden.
II. Falsch. Beim Hydrocephalus kommt es umgekehrt auf Kosten der Hirnsubstanz zu einer Erweiterung der Liquorräume.
III. Falsch. Man spricht hier von einer Blut-Liquor-Schranke.

98) Lösung: (E).

(A) Falsch, da zuerst der Subarachnoidalraum erreicht wird und von da erst der Abfluß in die Granulationes arachnoideales stattfindet.
(B) Falsch, da zuerst der vierte Ventrikel und dann erst die Apertura mediana durchflossen wird.
(C) Falsch, da der Liquor aus Ventrikel I und II durch die beiden Foramina interventricularia in den Ventrikel III fließt, nicht von Ventrikel I nach II.
(D) Falsch. Die Seitenventrikel werden vor Aquaeductus cerebri und Aperturae laterales durchflossen.
(E) Richtig. Die Strukturen werden in dieser Reihenfolge durchflossen.

99) Lösung: (E).

I. Richtig. Ein Erwachsener besitzt ca. 150 ml Liquor und hat einen Tagesumsatz der vierfachen Menge.
II. Falsch. Ein Fünfhundertstel des Bluteiweißgehalts bedeutet eine Senkung des normalen Liquoreiweißgehalts. Mit einer Gelbfärbung ist aber bei einer Erhöhung desselben zu rechnen.
III. Richtig, und zwar durch die Granulationes arachnoideales.

100) Lösung: (B).

I. Falsch. Nur bei einer gesteigerten Liquorproduktion spricht man von einem Hydrocephalus hypersecretorius. Daß mehr Liquor produziert als resorbiert wird, kann aber auch durch Resorptionsunfähigkeit der Granulationes arachnoideales oder Verengung von Durchflußkanälen zustande kommen.
II. Richtig. Da beim Hydrocephalus arresorptivus die am Ende der Durchflußkette gelegenen Granulationes arachnoideales resorptionsunfähig sind, werden alle davor liegenden Bereiche von der Drucksteigerung betroffen.
III. Falsch. Umgekehrt führt der Hirnschwund zu Hydrocephalus e vacuo.

Oggy at Home

Ann Lawrence has lived most of her life in the place where she was born – Tring in Hertfordshire. She says that her interest in wild life started when she was a child, and this interest was reinforced after working for the British Trust for Ornithology. She is passionate about music and cricket, and she enjoys bicycling, ambling round ancient monuments, and looking at pictures.

Also by
Ann Lawrence in Piccolo

The Travels of Oggy
The Conjuror's Box

Ann Lawrence

Oggy at Home

illustrations by Hans Helweg

Piccolo Pan Books

First published 1977 by Victor Gollancz Ltd
This edition published 1979 by Pan Books Ltd,
Cavaye Place, London SW10 9PG

ISBN 0 330 25808 7

Printed in Great Britain by
Richard Clay (The Chaucer Press) Ltd, Bungay, Suffolk

Contents

1 Oggy wakes up

Scuff-scuff-scuff.

Oggy the hedgehog stirred uneasily. Something was making a noise right on top of him.

Scuff . . . scuff . . .

He unrolled a little, sighed, licked his lips and smothered a yawn.

'Not today, thank you,' he mumbled.

The scuffing stopped for a moment and there was a short, listening sort of silence. Then it started up again more energetically than before.

Scuff-scuff-scuff-scuff-scuff.

Oggy humped himself round in his bed of leaves and snorted crossly. Someone was digging right on top of his head, he thought indignantly. It was a fine thing if a hedgehog could hardly get himself nicely tucked down for his winter sleep before someone started trying to dig him up again. Something ought to be done about it.

'Go away!' he said loudly, and then curled up as tightly as he could.

But the scuffing did not go away. In fact it only seemed to become more determined, and Oggy could hear another sound now as well: a small, excited squeaking, as if the scuffing creature knew that it had nearly found something interesting. There was clearly no point in trying to ignore it any longer in the hope that it might get bored soon and give up, so Oggy uncurled reluctantly, shook himself, and shouldered his way out of the leaf-filled hole at the bottom of the hedge in which he had made his bed.

'Now then,' he said, blinking irritably. 'What's all this about?'

'Oh!' something squeaked, and Oggy found himself face to face with a very small tabby kitten. He peered at the kitten suspiciously.

'Was that you making all that row?' he demanded.

'Oh!' squeaked the kitten again.

She backed off slightly, but stretched her neck and stared at the hedgehog, as if her body wanted to run away, but her head wanted to stay and find out more about the thing that had come out of the leaves.

'Well did you?' said Oggy. 'And who are you anyway?'

The kitten sat up slowly, still watching Oggy with big, smoky eyes. She cocked her head on one side as if she were thinking.

'I'm the New Cat,' she said at last.

'Humph!' said Oggy. 'I can see you're a cat, and you look pretty new, but what's your name?'

'Cat?' the kitten suggested uncertainly.

'No, no,' said Oggy. 'Cat is what you are. I want to know what you're *called.* I mean, what do people say when they want you to come for your food?'

The kitten brightened immediately.

'They say Tiggy-tiggy-dinnersready,' she told him.

'Right then,' said Oggy. 'Your name must be Tiggy. You're a cat and your name's Tiggy, see? I'm a hedgehog and my name's Oggy. How-do-you-do.'

Oggy nodded pleasantly, glad to have been able to give a little useful instruction to a young animal.

'What?' said Tiggy.

'What do you mean – what?' Oggy demanded.

'How do I *do what*?' Tiggy cocked her head the other way and looked anxious.

'Nothing. You don't do anything,' said Oggy. 'It doesn't mean ... that is it isn't ... Oh bother!' He bounced round, turned his back on the kitten and breathed deeply while he counted up to five (which was as far as he *could* count). Then he turned round again slowly. 'How-do-you-do is just something you say when you meet someone,' he explained. 'It means sort of "how are you".'

'Oh,' said Tiggy cheering up again. 'I'm lovely.'

'Are you indeed,' Oggy said heavily. 'That must be very nice for you. Only you don't actually have to tell me how you are. You just say how-do-you-do back.'

Tiggy looked very puzzled.

'I . . . just . . . say . . .'

'Look, it's quite simple,' said Oggy, wondering why on earth he had started it. 'We've just met. You tell me you're Tiggy and I tell you I'm Oggy. Then I say, "Hallo Tiggy, how-do-you-do," and you say, "Hallo Oggy, how-do-you-do." See? Now let's do it again.' He took a deep breath. 'Hallo Tiggy, how-do-you-do.'

The kitten frowned with concentration.

'Hallo Oggy, how . . .' She shook her head. 'I still don't see what we're doing how,' she complained.

'Oh forget it!' Oggy snapped. 'It's not worth so much bother, and it sounds sillier every time I say it!'

He shook himself, scratched his ear with his hind foot and looked around. He was sure he had been about to do something before all the how-do-you-do business had started, but for the moment he could not remember what it had been. Food? He considered the idea. Now that he came to think about it, he *was* just the slightest bit peckish, but he was almost certain that it had not been that. He had been interrupted. No, he had been woken up, that was it. This wretched kitten had woken him up by scuffing on top of his head. He eyed Tiggy sternly. She was still sitting there watching him with her head on one side.

'Now then,' he said, going back to the beginning of the conversation. 'What was it all about? All that scrabbling?'

'I was exploring. I smelt you under the hedge and I thought I'd *explore* you,' said Tiggy. 'Only I didn't know it was you then, you see,' she added apologetically. 'It was just a smell that had to be explo-ored.'

'I see,' said Oggy. 'You were exploring.' The kitten seemed to like the word and lingered over it importantly, but to Oggy it was already beginning to go the way of How-do-you-do and turning into nothing but a silly sound. 'Exploring just for fun, eh?'

Tiggy nodded eagerly.

'I see.' Oggy swelled slightly with indignation. 'So just for fun you decided to dig up a hibernating hedgehog who'd never done you any harm. Don't you know that some animals have to sleep through the winter? Good gracious, I might catch my death of cold, waking up like this in the middle of . . .'

All of a sudden he stopped and sniffed the air. For the first time since he had woken up he was aware of a certain something on the breeze, a hint of – could it be? – spring.

'What time of year is it anyway?' he snapped.

'What's that?' said Tiggy.

'*When* is this? I mean now – today?' Oggy demanded.

'Monday,' said the kitten promptly. 'I know it's Monday,' she went on, 'because yesterday everyone was at home, and today it's only Mum, and she's been all cross and making a lot of noise with the water-box. That's what Monday means.'

She looked as if she thought she was being helpful, but it was now Oggy's turn to be baffled, though he was certainly not going to let this silly young animal see it.

'Oh indeed,' he said sarcastically. 'Well that's as may be, but what I want to know is – is it spring yet? Are the flowers coming out? Are there leaves on the trees?'

'Leaves? What . . .?' Tiggy began.

'Leaves! Little bits of green stuff stuck on the trees!' Oggy exclaimed. 'Don't you know *anything*? Here, for goodness' sake get out of the way.' He snorted irritably and trundled right out from the bottom of the hedge. 'Let me see for myself,' he said, craning his neck and peering at the bushes above his head.

Tiggy looked too, and reared up unsteadily on her hind legs to sniff at the lower branches of the hedge.

'Bits of green,' she muttered anxiously. 'I *think* . . .'

But at the same moment Oggy exclaimed:

'Good gracious! So there are! Then it must be spring after all!' All at once he found that he was wide awake and very hungry. 'Well, well,' he said. 'So today is the first day of spring.'

'And Monday,' said the kitten helpfully, but Oggy was so pleased to know that the winter was over that he merely nodded amiably and said:

'Of course. Now if you'll excuse me, I really must go and find something to eat.'

The kitten followed Oggy as far as the gap in the hedge behind the compost heap. As he made his way across the end of the garden, the hedgehog paused every now and then to sniff the air or the ground, reminding himself of the smell of the place. It was very odd, he thought, he had been so sure that he had been asleep hardly any time at all, and yet there was so much in his surroundings that he seemed to have forgotten. He had a feeling that there was one thing in particular that he ought to remember, which would somehow make all the difference in the world to everything else, but for the moment it quite escaped him. Once he took a short excursion out on to the lawn to pick up a large slug, but mostly he stuck to the hedge, his nose twitching busily for beetles, and the kitten trailed along behind him, asking questions all the time.

'Where do you come from? How long were you in that hole? Didn't you have anything to eat all that time? Does that taste nice? Would I like it . . .?'

Oggy grunted indistinct replies over his shoulder now and then, but it did not seem to matter to Tiggy that her questions were never properly answered, for she had hardly finished asking one before the next popped into her head. At the gap behind the compost heap, however, she stopped and said:

'I don't think I ought to come any further.'

'No? Oh well, bye-bye then,' said Oggy, barely even glancing at her as he scrambled through the hedge.

'Bye-bye,' said the kitten. She sounded slightly forlorn. 'Are you coming back ever?'

Oggy looked back impatiently.

'Of course I am,' he said. 'I live here, don't I?'

'Oh,' said Tiggy. 'I'm afraid I don't know if you do or not.'

Oggy halted in bewilderment, failing to understand for a moment that she had thought he was asking her a real question. Then he snorted to himself.

'Silly little thing!' he muttered as he trundled out across the field, but after a few yards he looked back again and saw the small tabby face still peering intently after him.

It was early evening and pleasantly mild, but though Oggy had the whole spring night ahead of him, he had already decided not to go far. Can be deceptive, fine nights at this time of the year, he thought, and sniffed the air. Not that it felt like the sort of night for a frost, but better not take chances. A quick look round, a good feed, then back to the garden for a little potter about before turning in, that was his programme for the evening. He felt wide awake at the moment, but it was his first night out after hibernation, and he did not see any sense in exerting himself too much.

He found plenty to interest him as he worked his way round the field and then home by way of several other gardens. He did not know the district well, having arrived late the previous autumn (only just before settling down for his long winter sleep in fact), and there were any number of intriguing corners and enticing trails to be noted for future investigation. But it was only as he was re-entering his own garden that he picked up the most important scent of all and suddenly remembered . . .

Good gracious, he thought, how ever had he managed to forget that even for a minute?

It was a rich scent with a hundred hints and suggestions and scraps of memories drifting in and out of it. It was the smell of people, but not just any people. It was *his* people:

the people he had first met as a young and inexperienced hedgehog, when he had lived at the end of their garden in London; the people he had followed when they had moved to the country; the people he had found again after wandering about for most of the previous summer without any idea of where they might be – Oggy's Very Own People. Good gracious, he thought again, fancy forgetting *them.* Fancy forgetting too how clever he had been to find them, how stalwart and resourceful in his quest. He swelled with pride at the memory of his achievement (conveniently overlooking how large a part luck had played in it). Really, even if he had forgotten His People, it was difficult to understand how he could have forgotten all that.

He squinted short-sightedly round the garden with a proprietorial air. So this is Our New Place, is it? he thought complacently, already completely identifying himself with the Family once again. Quite a nice little spread.

For an hour or so he nosed about happily, locating good beetle grounds and systematically checking the vegetable patch for slugs, then he ambled up to the back door and sniffed at it loudly, partly to discover all that his nose could tell him about the present state of the Family, but partly also in the hope that someone would hear him. Most of the scents were familiar. He recognized the two adults, the boy, the girl, the dog . . . but there was one other little smell that he did not know, although he seemed to think he ought to.

In spite of all his sniffing there was no sign that anyone in the house had heard him. When he had thoroughly investigated the area round the back door several times without attracting any attention, he wondered whether it might be worth staying a little while longer, just in case anyone happened to look out, but right in the middle of the thought he yawned, and realized that he was quite tired. He had eaten well and taken a good deal of exercise for his first night out.

No sense in overdoing it, he told himself, they'd see him sooner or later. They knew he was here because they had seen him last autumn before he had gone to sleep for the winter, so no doubt they would be looking out for him now that spring had come. He turned away from the house and made his way back to the hedge.

How nice to wake up at the end of the winter in your own place, with your own people just up there at the top of the garden, he thought as he shuffled into his leaf-filled hole once more. Then when he was almost on the point of dozing off, he suddenly remembered why the strange little smell at the back door seemed familiar, even though it was not part of the Family smell as he had known it before.

Good gracious, he thought, so she's *Our* New Cat, is she?

2 Tiggy

Oggy woke early next evening. Indeed, as soon as he opened his eyes, he could see from the light that filtered down to him through the leaves that the sun had not yet set. Something must have roused him, but for the moment he could not think what it might have been. Never mind, he was awake now, so he might as well get out and about right away. He yawned and blinked and heaved himself out of his bed, but as he did so a thin, high-pitched sound came to his ears. Pushing his head through the grass and weeds that screened his hole under the hedge, Oggy saw what it was that had woken him up.

'Oh,' he said unenthusiastically. 'It's you.'

The tabby kitten, who had been sitting in front of Oggy's hole, eyes shut, head back and mewing as loudly as she could, opened her eyes and looked round wildly, as if she could not imagine who had spoken or where the voice had come from.

'Did you want something?' Oggy inquired. 'Or were you just exercising the vocal chords? Just for *fun* maybe.' He squinted at the kitten resentfully.

Tiggy located him at last and stared at him with a worried frown, which suggested that she had entirely forgotten why she was there, but then as Oggy was about to repeat his question, she sighed with relief. She crouched down and stretched her neck out towards the hedgehog.

'Hallo Oggy,' she said slowly and deliberately. 'Do you do how?'

'What?' said Oggy. 'What on earth are you talking about?'

He emerged completely from the hedge-bottom and shook himself vigorously. The kitten backed off looking worried again.

'I mean – do you how you do?' she gabbled. 'No – how did you doodle? I mean you do how . . . don't I? Do you? Do how you how . . .'

'Shut up!' Oggy shouted.

Tiggy shrank away from him.

'Howdle doodle yoodle . . .' she whispered.

'Look,' said Oggy. 'It doesn't matter about that. Forget it. What did you want?'

'Oh,' said Tiggy. She sat up. 'Oh. I just wanted to say . . .' she hesitated. 'H-hallo,' she finished weakly.

'All right then,' said Oggy. '*Hallo!*'

'Hallo,' said the kitten.

They stared at each other.

'And was that all you wanted?' Oggy demanded, when it seemed as if she had nothing to add. The kitten looked puzzled. 'You mean you woke me up just to say how – I mean, hallo?' Oggy went on.

'Oh, I didn't wake you up,' Tiggy said virtuously. 'I could see you didn't like me doing that yesterday, so I was just sitting here waiting for you to come out. I've been here all day.' She cocked her head on one side. 'Well, nearly all day. All day since tea-time. And then I thought you might like to know I was here, so I called you – ever such a little bit. Like this—' She opened her mouth a fraction and made a sound so tiny that it was barely audible. 'But I didn't wake you up. I didn't go near you,' she concluded.

Oggy was indignant.

'Of course you woke me up!' he exlaimed. 'You were making enough noise to wake everything in the garden. It isn't only scrabbling on people's heads that wakes them up you know.'

Tiggy looked crestfallen.

'I'm sorry,' she said. 'I didn't know.'

'You don't know much, do you?' Oggy grumbled, but even as he said it, he recalled uneasily that there had been a time when he had known very little himself. Then he shook himself, scratched his ear and put the thought out of his head. 'Right,' he said. 'You've woken me up, you've said hallo – is there anything else you'd like to say before I get going?'

'Are you going away again, then?' said Tiggy, sitting bolt upright and looking quite unnecessarily startled. 'You mustn't do that!'

'Whyever not?' Oggy demanded.

The kitten appeared to be momentarily at a loss. She stared at him, and then looked around as if for inspiration, licking her lips nervously. All of a sudden her eyes lit up and she bounced to her feet.

'There's something for you! *That's* what I wanted to tell you. Come and see!' she exclaimed, dancing round him in impatience. 'Come on. Quickly!' She turned away from him and trotted towards the house with her tail in the air.

Oggy felt it would be beneath his dignity to show too much interest, so he followed her at a deliberately leisurely pace.

'Suppose I might as well look,' he grumbled indulgently.

Tiggy was waiting for him on the edge of the small paved area outside the back door, where the dustbin stood along with

a lot of potted plants. She sat beside a saucer piled with *something*.

'There,' she said. 'It's for you. I know it is, because I heard them say so. At least, Jane said so. She said, "That's for Oggy", but Michael said it couldn't be you, but Mum thought it might be.'

'All right, all right. Let me see what it is then,' said Oggy, but his twitching nose had already told him what it was.

His little black eyes were bright with satisfaction as he pushed his snout into the bread and milk. He had had the whole long winter's sleep in which to forget how much he liked bread and milk, and he thoroughly enjoyed being reminded. It was also nice to know that the people had not forgotten him. Not that he seriously thought that they could have forgotten, but he was pleased to know for certain that they had not.

Nor was there only bread and milk in the saucer, for Oggy soon detected an odd, pungent smell, of which he was slightly wary, until Tiggy leaned forward and said wistfully:

'They've given you some of that smelly blue cheese. They gave me some once. *I* like it. If you don't, perhaps I could...'

'Lovely,' Oggy grunted, quickly locating the Stilton rind and eating it. He was still not sure whether or not he liked it, but he saw no reason why the kitten should have anything that had been put out specially for *him*. Tiggy sighed.

A starling, who had been foraging along the edge of the lawn with one eye on them, looked up cockily.

'Aye-aye!' he said. 'Must be the original cat that ate cheese then sat by a mouse-hole with baited breath! *Boom-boom*!'

Oggy and Tiggy stared at him.

'What's he mean?' Tiggy whispered, but Oggy disdained to reply, merely snorting contemptuously and burying his face in the saucer once more.

The starling strolled off whistling, and Tiggy returned her attention to the hedgehog. There were so many things she wanted to ask him, but he was eating too noisily to hear a word she said. As soon as he had sucked up the last of the milk, however, she began to question him eagerly.

'How did they know you?' she demanded. 'How did Mum and Jane and Michael know your name? How did they know what you eat?'

'Old friends,' Oggy mumbled, sniffing energetically round the bottom of the saucer to make sure he had not dropped anything. 'Knew them in London.'

He looked up to find Tiggy crouched on the other side of the saucer, gazing at him with round, astonished eyes.

'What's *that*?' she breathed respectfully.

'Ah well,' said Oggy. '*London.*' He licked his chops, had a good scratch and then glanced at Tiggy with a self-satisfied air. 'London is where we all come from. Me and Our People.' He nodded, thinking that it was rather generous of him to acknowledge Tiggy's right to a share in the Family like that. Although he was bursting to tell her how he had come to know His People, and all about his travels too, he put on a nonchalant manner. Before he could begin, however, the starling, who had once again approached unnoticed, broke into the conversation.

'*London* – ah, now you're talking!' he exclaimed. 'The Smoke. The Old Metrollops, eh?' He winked at Oggy and sang in a fruity voice:

'Old Father Thames keeps rolling along
Down to the Old Bull and Bush.'

'Who *are* you?' said Oggy coldly, but the starling was not the least bit discouraged.

'I'm Jim,' he declared, then threw back his head and shrieked, 'Jeeeeem!'

The kitten went rigid with astonishment and the starling winked at her.

'Fancy you not knowing Jim Starling,' he went on complacently. He made a noise like a faint and rather reedy trumpet and announced: 'Jim Starling – Impressions! Your favourite one-bird Variety Show!' With that he barked like a dog, chuffed like a distant train, clucked like a hen, then did short imitations of several other birds' songs, after which he shut his eyes and sang again in a voice vibrating with sentiment:

'London Pride has been handed down to us,
London bridge is falling down,
A nightingale sang in Berkeley Square
And I love London Town.'

'But what *is* London?' said Tiggy, who had watched the starling's performance with growing admiration.

Oggy, beginning to feel he was in danger of being left out, puffed himself up importantly and attempted to take charge of the conversation again.

'For a start, London is a town,' he said.

'Town?' Tiggy gazed at him blankly, and then turned hopefully to the starling.

'No, no. You'll have to start from basics,' said Jim to Oggy. 'You leave this to me, old man.' He stepped up to the kitten, his head on one side and all his feathers sleek and shining. 'It's like this . . .' he began confidently.

But it was all so much more complicated than either Jim or Oggy had expected, that they hardly had time to explain what a town was before Tiggy was called indoors. For one thing she really did not know anything about the world at all, so they had to explain almost every word they used, and things were made even more difficult by the fact that everything had to be explained in terms of a house or a garden, since Tiggy had had no experience of any other surroundings.

Oggy had imagined that she would at least know what a road was, because even if she had never gone out at the front of the house, she must be able to see the road from the windows, but it turned out that she had no idea of there being more to the road than the small piece she could see, and the suggestion that it 'went' anywhere was hopelessly confusing to her.

'It doesn't go when I'm looking at it,' she insisted. 'It stays still all the time. Some men came and started taking it away once, but they put it back again. And it was only a little bit that went then, anyway.'

It was only when Jim thought of comparing the road to a very big, long garden path, that she seemed to gather some idea of what they meant.

'But then it's *you* that goes, and not the road,' she pointed out.

'Dearoh-lor' oh-*pray*!' Jim Starling exclaimed, when she had gone indoors. 'We've got a right one here! We'll have trouble with her, I can see.'

For a moment Oggy felt almost friendly towards the impudent bird.

'It's what comes of over-protecting the young,' he said censoriously. Then he remembered that Tiggy was Family in a sense, and that though *he* might criticize her it was no business of any outsider's what she was like, so he added stiffly, 'But I don't see that it need concern you.'

'Aye-aye!' said the starling winking. 'Suit yourself.' He flew off down the garden and nearly gave a hen blackbird hysterics by chattering a blackbird alarm call at her as he planed low over the hedge at the end.

Oggy went off on his night's business full of shocked amazement that any young animal could be so ignorant as the New Cat, but on the other hand he could not help feeling a little gratified too. Throughout the whole of his life until then it had seemed as if every creature he met knew more than he did, and he had come to take it for granted that he was probably the most uninformed animal in the world. He was pleased to have clear proof that this was not so.

3 Oggy takes up teaching

All that night Oggy thought from time to time about the kitten's astonishing ignorance. Sometimes the thought amused him, sometimes it irritated him, but it always made him feel superior. He woke up thinking about it the next evening too, but by this time another thought had joined it. Oggy realized that it could be very dangerous for a small animal to know so little, particularly a small animal with an inclination to explore. It was high time someone took Tiggy's education in hand. Within a very short time his doubts about the kitten's safety were strengthened.

There was no sign of her in the garden, and so Oggy's first act was to check at the back door to see if the Family had remembered to feed him again. Sure enough the saucer was there, and he was halfway through his meal, when Tiggy came racing breathlessly round the dustbin from the path at the side of the house.

'I only just heard you,' she said. 'I was watching the road to see where it went. It's very interesting. I think it ought to be *explored*.'

'Ah!' said Oggy, but having his mouth full at that moment, he could not say anything else very distinctly, and so he had to content himself with glaring at the kitten.

'What's the matter?' Tiggy asked anxiously.

Oggy sucked up everything that was left on the saucer, swallowed it all in one gulp, and then turned his attention to the kitten.

'Roads should not be explored,' he said. 'Leastways, not by kittens. In fact, I don't think you ought to explore anything at all outside this garden.'

Tiggy flattened her ears slightly and looked rebellious.

'Why not?' she demanded.

'Because you mught get hurt,' said Oggy.

Tiggy was interested.

'What's hurt? What's it like?'

'What's hurt?' Oggy was at a loss to know how to explain.

'Well, it's not nice,' he said lamely. 'It hurts if – er – if someone bites you.'

'Oh,' said Tiggy. 'That might be like when Michael trod on my tail?'

'Come on,' said Oggy, seeing that this was yet another conversation that could become impossibly complicated. 'Follow me.' He set off down the path beside the house with Tiggy trotting behind.

When they reached the gate at the end of the path, Oggy crawled under it and turned to wait for Tiggy. She sat down on the inside and peered through the rails at him with her anxious look for a moment, and then wriggled between them carefully. Something about the way she did it made Oggy suspicious.

'Have you been out here before?' he asked.

'I'm not allowed,' Tiggy answered, a little too promptly.

'I'm sure you're not,' said Oggy sternly. 'But have you done it?'

'Well . . .' the kitten sat down again and squirmed.

'All right. Come on,' said Oggy. 'But don't come out again on your own.'

Beyond the gate the path continued for several yards, bordered with grass and low shrubs on one side and a wall on the other. Tiggy crept after Oggy with infinite caution until they reached the edge of the grass. There was nothing now except a footpath between them and the road.

'Now,' said Oggy, sitting down under a small bush. 'Wait and see what happens.'

The kitten crouched obediently beside him. For about thirty seconds she kept perfectly still and quiet, then she leaned across with exaggerated care.

'What are we doing?' she whispered loudly, right in Oggy's ear. He started.

'What? For goodness' sake!' He shook his head. 'We're waiting for—'

But at that moment a car came along the road and passed them with a roar of noise and fumes. Tiggy leapt backwards and froze, her back arched, her legs stiff and her fur fluffed up all over her.

'I don't think I want to,' she said. 'Can't we wait for it somewhere else? I don't think roads are as interesting as I thought, if you don't mind.'

'Come back,' said Oggy, forgetting that the whole object of the exercise had been to frighten her out of any idea of exploring the road, in which it seemed to have been entirely successful. '*That* was what we were waiting for. That was one of the things you thought were so interesting.'

'It can't be,' Tiggy said suspiciously. 'They didn't make all that noise and smell.'

'Yes they did,' Oggy told her. 'Only you were further away, so it seemed less.'

'Well I don't like it any more,' she said decidedly. 'Is *that* hurt?'

'It was a car,' said Oggy. 'And it could hurt you very much.' Remembering what she had said about the boy treading on her tail, he had a sudden inspiration. 'If that hit you on the road, it would be like being trodden all over,' he explained with relish.

'I don't think I will explore it,' she assured him. 'Can we go now?'

But Oggy had not finished his lesson on roads.

'You may not want to explore it,' he said. 'But one day you might have to cross a road, and the cars go so fast that sometimes you don't see them coming before you start cross-ing. Now, what would you do if you were on a road and a car came?'

'I'd jolly well run like anything,' Tiggy said with feeling.

'There,' said Oggy. 'You'd . . .' he stopped and stared at her. 'You'd run?' he said, disbelievingly. 'Are you sure you wouldn't want to roll up?'

'Why should I do that?' said Tiggy. 'The thing would be sure to tread on me then.'

Oggy was nonplussed. As a hedgehog he rolled up into a ball whenever danger threatened, and though his mother had told him when he was little that one place not to roll up was on a road, he had found it had taken a great effort to over-come his instinct to do so. Since then he had seen many roads and far too many squashed hedgehogs on them. He knew now that the most important thing was to get away from the cars, but he could not imagine how Tiggy, who knew nothing about anything, had learnt that You Must Never Roll Up On Roads.

'Yes,' he said blankly. 'That's right.'

As they made their way back through the gate and along the path, Oggy had a feeling that the climax of his first attempt to educate Tiggy had fallen a little flat. Nevertheless, he was still determined to instruct her in all that a proper animal needed to know. Roads were only one of the many dangers: there were other times when it was dangerous to roll up, and by the time they reached the back garden again, he was ready to give his next lesson.

'It isn't only cars that can hurt you,' he said. 'Other

animals can. Foxes for instance. Foxes go after rabbits, and you're no bigger than a rabbit, so I shouldn't be surprised if they wouldn't go for you.'

'What's foxes?' Tiggy demanded predictably, but Oggy was already explaining.

'A fox is rather like a dog,' he said. 'Now, what would you do if you met one?'

The kitten looked completely bewildered.

'Say hallo and how-diddle-diddle?' she ventured uncertainly.

'Don't be silly!' Oggy snapped. 'You'd be too frightened.

'Why? I'm not frightened of Pooch,' said Tiggy reasonably. 'Dogs don't hurt you,' she went on with a confident air. 'And even if they tread on you, they don't tread all over like you said.'

'I said a fox is *like* a dog – to look at,' said Oggy. 'But it isn't at all the same as *Our* Dog, and you *ought* to be frightened. It doesn't tread, it bites.'

'Why should it do that?' Tiggy said, looking injured. 'It doesn't even know me.'

Oggy saw that there was no way of breaking the truth to her gently.

'Because it would want to eat you,' he said.

The effect of this was dramatic. The kitten sprang away from him in horror, leapt on to the kitchen window-sill and clung there wailing hysterically:

'There's a fox. It thinks I'm a rabbit and it's going to eat me. Help! Let me in!'

'Come down!' Oggy hissed angrily. 'There's no fox here.'

She looked down at him, her eyes black with terror.

'They can't hear me,' she moaned. 'They won't let me in and the fox will catch me and tread on me and bite me and eat me.'

'There isn't any fox!' Oggy shouted.

Tiggy stopped howling and stared at him accusingly.

'Then why did you say there was?' she demanded. 'You did,' she went on, not giving him a chance to reply. 'You said a fox was going to eat me. *You said—*'

'I said a fox *might* eat you, *if* you met one,' Oggy said between his teeth.

'Oh,' said Tiggy. She licked her shoulder and then glanced down at him. 'Oh.' She examined her front paw and nibbled the fur between her toes, then at last she jumped down to rejoin him.

'Right,' said Oggy grimly. 'So what would you do if you met a fox? You wouldn't just shriek at it, I suppose?'

'Certainly not,' said Tiggy, very much on her dignity. 'I should run like mad.'

Oggy stared at her.

'You wouldn't even *think* of rolling up?' he said hopefully.

'Why?' said the kitten. 'Why do you keep talking about rolling up?'

Then Oggy understood at last. It was not that she somehow knew when not to roll up, but rather that she was so completely uneducated, that she had never learned to roll up in the first place. He was very relieved.

'It's like this,' he explained patiently. 'If you roll up tightly in a ball when something frightens you, you'll be perfectly safe unless it's a car, which would squash you, or a fox or badger, because they can unroll you. Look.' Very slowly, so that she could see how he did it, Oggy tucked his head down, folded his paws, and rolled over in a prickly ball. He waited a little while, listening to Tiggy walking round him and sniffing him, then he uncurled again and shook himself. 'You see?'

'I think I can do that,' Tiggy said cautiously. I think I sleep like that.'

But when she tried it, she did not look right somehow.

Even though she tucked her nose right down into her tummy and covered it with both front paws and her tail, she did not seem to be able to curl up tightly enough. Oggy shuffled round her trying to work out what was wrong. She had made herself perfectly round, and even looked almost hedgehog-coloured, so what could it be? Were her legs too long? Or was it her tail?

A dark shape glided down from the roof and settled beside them.

'Hallo, hallo, hallo! What's this then?' said Jim Starling cheerfully. He walked round Tiggy peering at her with

interest. 'Got it!' he said suddenly. 'She wants to act, and you've realized that with all the cats there are in the business these days she'll need more than just a pretty face, so you're coaching her for hedgehog parts. Right?' He shook his head. 'Not a bad idea, but I reckon she'll find it tough, even if she *could* do hedgehogs. You know what they say: "*Don't put your kitten on the stage Mr Hedginghog . . .*"' He danced a few steps to his own singing. 'Mind you,' he added, stopping and looking thoughtful. 'She might stand a better chance if you get her to do something a bit exotic and specialist – terrapins or wombats, maybe. I once saw a cat play the mongoose in—'

But Oggy was not interested in Jim's theatrical reminiscences.

'I don't know what you're talking about,' he said in the frostiest tone he could muster. 'It's simply that she hasn't the slightest idea of how to look after herself, so I'm teaching her how to roll up.'

'What for?' the starling asked. 'She's not a hedgehog. She hasn't got any prickles, so there's no point. Get it? *No point*! *Boom-boom*!'

Oggy could have kicked himself.

'Can I come out yet?' Tiggy called furrily. 'I can't breathe very well like this.'

'You might as well,' said Oggy.

The kitten sat up with an eager expression.

'Was I all right?' she asked, then seeing the starling said: 'Hallo Jim. Did you see me?'

'Oh, you were fine,' said Oggy glumly. 'Or would've been if you'd had any spines.'

'But as you haven't – *there's no point*!' said Jim. Oggy rushed at him and he took off screaming with laughter.

Completely ignoring both of them, Tiggy looked over her shoulders, first one way then the other, in growing dismay.

'What's happened to my spines?' she cried.

'Nothing,' said Oggy returning to her despondently. 'You never had any.'

'Will they grow?' Tiggy asked urgently. 'Will I have some when I'm bigger?'

Oggy thought of all the cats he had known.

'I don't think cats ever have spines,' he said. 'So you'd better not try rolling up when you're frightened, because it's the spines that put other things off biting you, see?'

'No, I don't see,' said the kitten roundly. 'If I'm not safe rolled up, why did you say I would be? Why didn't you tell me before that I hadn't got any spines?'

'Stop going on about it!' Oggy snapped. 'I just didn't think.'

Now that he *was* thinking, he was beginning to feel very foolish about the whole thing. Of course he knew that cats did not have spines, and he had always known it, but when it came to keeping out of trouble, he could only think of the way he did it himself. He shook himself irritably. So how *did* cats manage without spines?

'All right,' he said grumpily. 'What would be the first thing *you'd* think of doing if you were frightened?'

'I'd run,' said Tiggy.

4 Oggy and Tiggy go climbing

The problem of how the kitten could escape from danger continued to bother Oggy until he saw her again the following evening, but by then he had decided what she ought to do.

'You're going to have to learn to climb,' he told her. 'There must be lots of things that can run faster than you, and so you've got to have some other way of escaping besides just running.'

A little to his surprise Tiggy made no objection to this proposal, but set off prancing eagerly across the lawn.

'Can we start with that one?' she suggested, indicating an elder tree in the middle of the hedge at the end of the garden.

Oggy eyed it dubiously.

'It's a bit tall,' he objected. 'Wouldn't you like to try something smaller first?'

But the kitten had made up her mind which tree she wanted to climb. All right, Oggy thought smugly, she'll soon find it's not as easy as she thinks. But aloud he said:

'Just follow me then.'

At the foot of the tree he stood up on his hind legs, took a good grip on the bark with all his claws, and began to haul himself sedately up the trunk. When he had gone a little way, he looked over his shoulder to encourage the kitten. To his surprise she was still crouching on the lawn, several feet away from the tree. She was staring at it intently and flicking the tip of her tail. Oggy was very amused by the contrast between her confident choice of the tree and her evident nervousness when it came to actually climbing it.

'What's the matter?' he called. 'There's nothing to worry about.'

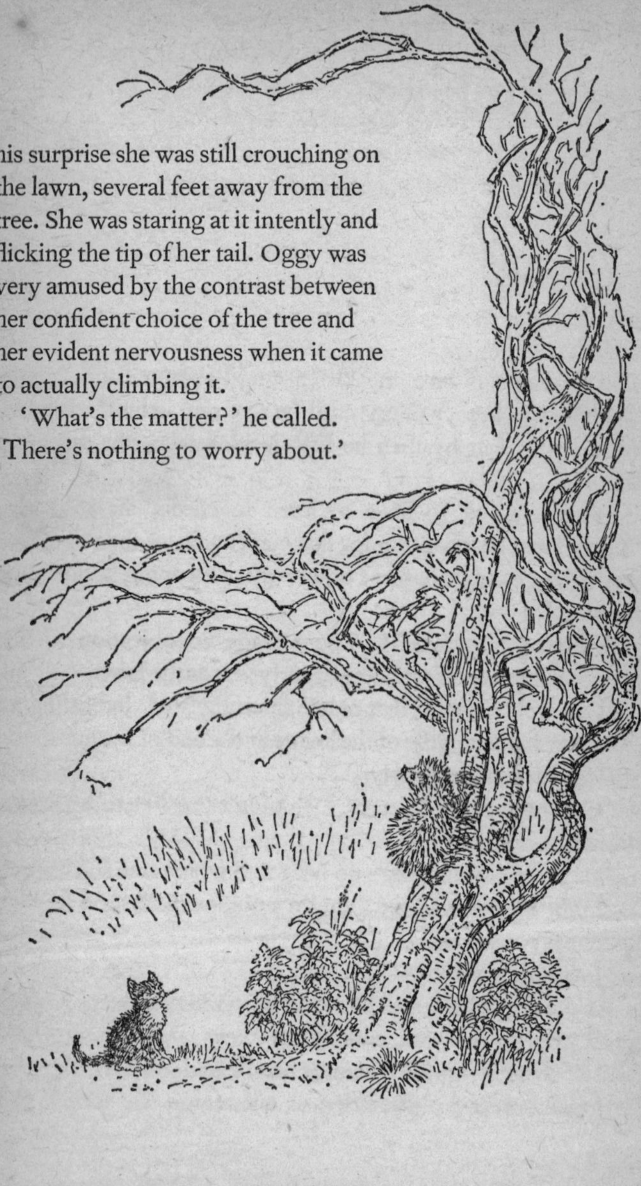

He was about to add: 'We'll find something easier if you like,' when Tiggy suddenly rushed straight at the tree, leapt into the air and sailed right over his head. He ducked, then heard claws scrabbling on bark. A scatter of twigs fell on him and he looked up to see the kitten clinging to the trunk a good way above him. She glanced down at him, then up, then down again.

'There's a branch up there,' she gasped breathlessly.

She laid her ears back, and with a tremendous effort contrived to hitch herself into the first fork of the tree, from where she peered down at Oggy with concern.

'Can you manage all right?' she inquired.

Oggy declined to reply, but continued steadily up the trunk, only breathing a little harder than usual. As he neared the fork, Tiggy moved out along the branch slightly to make room for him.

'I should think we'd be safe from foxes here,' she said cheerfully. 'If they're like dogs, I don't s'pose they can climb much, can they?'

'No they can't,' said Oggy scowling. It was too bad: it had taken him ages to teach himself to climb trees, yet this wretched kitten did it all in flying leaps. It made an animal wonder if there was any justice in the world at all.

Tiggy was happily unaware of his ill-humour. She was looking round the tree with interest, and Oggy's talk of foxes seemed to have set her thinking about other possible ways of escaping from danger.

'It would be all right even if something like a fox *could* climb,' she said. 'Because if it followed us up a tree, we could go out on a branch like this, and the fox wouldn't be able to follow, because it would be too big.' As she said this, she demonstrated by walking out along the branch, but before she had gone far it began to bend, and she clutched it convulsively with all her claws. She looked over her shoulder at Oggy

'You see?' she said, but he had the impression that she was no longer quite happy about the idea.

'Yes, marvellous,' he said impatiently. 'But now we know you can climb trees, we might as well go down again.'

Without waiting to see if she were following him, he began

to edge his way down the tree once more. He had not gone far, before a thin, quavering cry came to him from above.

'Oggy!'

'What now?' he growled, barely glancing up.

'I can't,' wailed the kitten. 'I can't get down.'

'What do you mean?' Oggy said. 'You got up there easily enough.'

'Ow! I can't move. I shall fall,' Tiggy cried. Her eyes were tight shut and she was clinging to the branch so fiercely that it shook in an alarming manner.

'Jump!' said Oggy. 'You jumped up easily enough, why can't you jump down?'

'Ow-wow! I can't! I shall be *hurt*!' Tiggy shrieked, squeezing her eyes even tighter shut. 'Help me!'

Oggy could not for his life see what he could do to help her, and so he tried shock tactics.

'If you're going to be silly, I shall leave you there,' he said firmly, and made his way to the foot of the tree. She was just showing off, he told himself. Once she realized she was on her own, she would soon find a way down. When he looked up again, however, to see how she had taken his words, she seemed not to have heard them, for she was still clinging to the branch yelling miserably.

Oggy sat down at the bottom of the tree and tried to think what he might do next, but before he had thought of anything, the back door of the house opened and the girl came out calling:

'Tiggy-tiggy-tiggy!'

The kitten's cries rose to a crescendo and the girl peered round the twilit garden.

'I can hear her,' she said over her shoulder to someone indoors. 'But I can't make out where she is.'

The boy joined her at the door and they both began to search the garden.

So far the only feature of the whole silly affair that had given Oggy any satisfaction, was the fact that he had not seen so much as a feather of Jim Starling, but even this small comfort was lost when that impertinent bird suddenly appeared on the roof of the garden shed. He took a sharp look round – at Tiggy, at the children, at Oggy – and then started to mew almost as loudly as the kitten herself. The children were completely confused, for every time they seemed likely to discover the whereabouts of either the cat or the bird, Jim would move to another vantage point and draw them away again. Eventually, however, they found the kitten and realized that she was stuck.

The boy laughed rather unfeelingly, but the girl held out her arms under the elder tree and called. Tiggy opened her eyes and squinted sideways at them, but would not move.

'He-e-elp!' she cried thinly, then shut her eyes again as if she could not bear to look down.

'We shall have to get the fire brigade,' said the girl.

'Don't be silly,' said her brother. 'We've got a ladder of our own.'

He ran back to the house, to return in a matter of minutes with the man and the woman. The whole Family stood under the tree discussing what was to be done, while Tiggy continued to squeak feebly from time to time, to make quite sure that they did not forget her. Oggy, crouching under the hedge watched and listened with indignation. Four people to fetch one silly kitten out of a tree – it was incredible!

At length the man said:

'Right, if she won't come down, I suppose I'll have to get her.'

The man fetched a ladder and set it against the base of the branch on which Tiggy was stranded, then he began to climb up, while the rest of the Family watched eagerly. Jim Starling flew into the top of the tree for a better view, and even Oggy was interested, since it was a sort of climbing which was quite new to him. The only one not impressed was Tiggy, who did not seem to be at all reassured by the prospect of rescue. The ladder and the branch shook violently as the man climbed, and she was nearly demented with fear.

'Stop! Go away! I'll fall!' she wailed, shrinking away from the top of the ladder, which she believed to be the thing that was trying to shake her off.

The man too was beginning to feel uneasy, for the branch was creaking ominously.

'Do be careful, Daddy,' said the girl. 'Don't let poor Tiggy fall.'

'All poor Tiggy has to do is to keep still,' said the man between clenched teeth. He had arrived at the top now and reached for the kitten, but Tiggy, thinking that he would knock her off per perch, had withdrawn further along the branch.

'Come on, Puss,' said the man, making chirruping noises at her. 'Come to Dad—'

He made a sudden grab for her, but the terrified kitten was quicker. She now seemed to regard everything that moved as some kind of threat, and as his hand came towards her, she twisted sideways to avoid it, lost her grip on the branch, tottered, slipped, swung for a moment by her forepaws (while Jim Starling imitated a drum roll), and then tumbled off into the arms of the girl, who leapt backwards out of the way, as her father also descended rather more rapidly than he had intended. His last attempt to reach Tiggy had overbalanced him completely, and he just had time to jump before he fell, kicking the ladder into the hedge as he did so.

'Allez-oop!' yelled Jim, and flew away laughing so much that he could hardly stay airborne.

For a moment Oggy thought that the tree had fallen on him, and he curled up tightly, certain that he had been squashed flat, until he heard voices of the people again.

'Oh *poor* Tiggy,' the girl was saying.

'Poor Tiggy! I'll Poor Tiggy her!' roared the man. 'Next time I see Poor Tiggy up a tree, she can stay there! Stupid animal!'

Oggy could only agree.

It was several days before Oggy saw the tabby kitten again and when he did, he expected her to make some apology for the trouble she had caused, but if she had any sense of shame she was very good at hiding it. Indeed she appeared to have forgotten the incident altogether. Oggy was practising climbing on the fence between His Garden and the one next door, when Tiggy trotted up to him, as bright as ninepence and full of curiosity.

'Hallo,' she said. 'What are you doing?'

The fact was that the man's exploits with his set of sticks had intrigued Oggy, and he had given a good deal of thought to how he could copy this form of climbing. He had not been able to find any sticks like the ones the man had used that would suit him, but he had noticed that the fence was made up of wire squares, exactly the right size for a hedgehog, just as the ladder had been made of wooden, man-sized squares. However, he had no intention of explaining any of this to Tiggy. He dropped to the ground and gave her a sour look.

'Oh, it's you, is it?' he grunted.

'Could I do that?' the kitten went on, looking at the fence with interest.

'I'm sure you could,' Oggy said sarcastically. 'But then you can always do everything without being taught, can't you?'

'Oh, I don't know,' said the kitten modestly, but it sounded as if she thought Oggy might be right. She sized up the fence for a moment or two, and then started trying to climb it as Oggy had done.

Remembering how she had dealt with the tree, Oggy glumly expected her to swarm up it without any trouble, so he was surprised (but not at all displeased) to see that she could not get the hang of it at all. She would hook her front claws over the wires as high up as she could reach, and then

get one back foot on to a lower wire, but when it came to finding where to put the other back foot, she never quite managed it. Time and again she finished up swinging on the fence by her forepaws, or with both hind legs stuck through the holes, kicking and twisting to free herself. After a while she grew angry and started jumping at the fence and clinging to it with all four feet, but as soon as she tried to move one of them, craning her neck to see where they all were, she invariably fell off again. Oggy found the whole performance highly entertaining, and made no effort to hide his amusement.

At last Tiggy gave up. Disentangling herself from her last failure, she glared at the hedgehog.

'It's a silly way of doing things,' she snapped. 'You wouldn't need to go to so much bother if you learned to jump.'

She backed away from the fence, and then leapt on to the nearest fence post, balancing there precariously, all four feet close together. With infinite care she sat down and curled her short, spiky tail round her toes.

'There,' she said smugly.

'Can you get down again though?' Oggy jeered. 'Or shall I get Dad and his sticks?'

Tiggy glared at him again.

'I can manage perfectly well,' she said. She stood up, wobbling slightly and, with only a tiny hesitation, dropped to the ground again. 'I've been practising,' she explained, licking her paws. 'But it stings your feet a bit.' She looked at him innocently. 'Is there anything else I need to know, now that I can climb?'

Oggy ground his teeth. Any idea he might have had about teaching Our Cat to look after herself had died when she had bounded so cheerfully into the elder tree, and though her inability to get down again had soothed his pride a little, it had not restored his interest in teaching. It was obvious that she would always show him up one way or another, and he had no intention of wasting any more time on her.

'You don't need to know anything,' he said disagreeably. 'Because you're never going to go anywhere anyway.'

'Oh!' Tiggy looked rebellious. 'I thought I could live outside, like you.'

'You? Live outside?' Oggy laughed scornfully. 'You wouldn't last five minutes. And anyway, you're nice and comfy inside, so why should you want anything different.'

Tiggy sniffed and started to lick one of her front paws very energetically.

'It's Them,' she said, between licks. 'They won't let a person do anything. They go on and on if a person does the littlest thing wrong. And they shut you up.' She stared roundly at Oggy.

'Aha, so that's why I haven't seen you around,' said Oggy smirking. 'Kept you in because you got stuck up the tree, did they?'

'It's not fair!' Tiggy squeaked. 'Just for a little thing like that! It wasn't my fault Dad jumped off his silly old thing-ummy and hurt his foot. It was your fault really for telling me I'd got to climb trees.' She gave him an accusing scowl.

Oggy was nearly speechless.

'My fault!' he spluttered. 'I didn't tell you to try the biggest thing in sight. I suggested—'

'Well anyway,' Tiggy said hurriedly. 'I can do it now, so why can't I live outside?'

'Because you'd probably starve,' said Oggy with satisfaction.

Tiggy looked blank.

'Why? They put food out for you, why shouldn't they put my food outside too?'

'Don't be silly,' Oggy said. 'They wouldn't feed you if you weren't living with them. That bit they put out for me isn't *all* my food, it's just a bit extra. I have to get most of my food myself, and so would you have to if you lived outside.'

'Where do you get your other food?' Tiggy demanded half disbelieving.

'Good gracious me, you really are the dimmest creature!' Oggy exclaimed. 'You've seen me hunting – getting slugs and beetles – *that's* the rest of my food.'

'I thought you did it for fun,' Tiggy said in amazement.

Then she looked anxious. 'Oh dear, I don't think I would know how to do that.' She glanced at Oggy hopefully. 'Couldn't you – um – *teach* me?'

'No,' said Oggy. 'No, *no*!' But even as he said it, his mind was going to work on the idea. Every animal ought to be able to fend for itself, after all: it would be fairly disgraceful if a cat were allowed to grow up totally dependent on humans.

'*Please*, Oggy. Couldn't you? Why not?' Tiggy pleaded. 'Couldn't I just watch what you do? Couldn't I *help* you?'

'I doubt it very much,' said Oggy gloomily. 'But all right.'

He knew perfectly well that it would be no good, but someone had to try to teach her something, and who else was there to do it, if he did not?

5 Tiggy learns to hunt

Before they set out on their first hunting expedition together, Oggy thought it would be advisable to find out what Tiggy usually ate. Unfortunately the kitten appeared not to know herself.

'Stuff out of the refrigerator,' she said vaguely.

Oggy hated having to admit that there was anything he did not know, but he simply had to ask her what a refrigerator was. He might as well have saved himself the embarrassment, for her explanation was completely incomprehensible to him, involving a long-winded description of a bit white box that hummed and shivered and gave out cold air when it was opened.

'Yes, all right, I see,' he said at last, although he still did not see at all. 'But what sort of stuff comes out of it to eat?'

'All red and slurpy,' Tiggy said unhelpfully.

'Not mice or something like that?' Oggy suggested, trying to remember the hunting habits of the few cats he had known previously.

'Mice?' squeaked the kitten in horror. 'Animals? I wouldn't eat *animals*! That's horrible. That's a horrible idea, Oggy. Absolutely Horr-i-gi-ble.' She shuddered.

'But I thought cats ate meat,' Oggy objected. 'And meat is animals.'

'*I* don't eat meat,' said Tiggy firmly.

It was plain that no amount of argument would change her mind on this point.

'In that case,' said Oggy. 'There's no point in hunting.'

The kitten looked bewildered.

'But you hunt, and you don't eat animals,' she said.

Oggy sighed. Somehow Tiggy always managed to misunderstand the things that were most difficult to explain.

'Well I do and I don't,' he began wearily. 'I mean, the things I eat are alive, so in a way they're animals. But they aren't animals like us. They're insects.'

Tiggy frowned.

'*Animals like us*,' she murmured, as if there were something about the words that worried her. She looked doubtfully at Oggy, but then she said, 'Well *I'll* eat insects then.'

Oggy left it at that. He was fairly sure that she would not do anything of the sort, but once again her tone of voice suggested that there would be no point in arguing about it.

'All right,' he said. 'Let's get going. But—' he eyed her sternly. 'Keep quiet and don't get in my way.'

Of course he should have known that he was asking the impossible. At first Tiggy went along beside him with an important look, keeping very ostentatiously quiet, but within two or three minutes she had noticed something lying on the lawn.

'Oh look,' she said. 'There's a thing for sticking things on a long string. Mum must've dropped it.'

She trotted over to inspect the clothes peg, and Oggy thought with some relief that she was going to play with it and forget about hunting, but after patting it once or twice she came back to him. It was clear that in the brief time she had been away, she had completely forgotten that she must not talk.

'I've been thinking about the refrigerator,' she began cheerfully. 'I know why it shivers now. It's because it's cold. Things shiver when they're cold don't they? And it makes a cold noise too – sort of brrrrrr – and like teeth chatterrrr-ing—'

Oggy stopped and looked round at her.

'Be quiet,' he said very distinctly.

She stared at him roundly.

'Oh yes,' she said. 'I'm sorry.'

She closed her mouth tightly, but it seemed she was incapable of remembering more than one thing at a time, for

now that she was concentrating on keeping quiet, she forgot the bit about not getting in the way. As she watched what Oggy was doing, gradually becoming more and more interested, she crept up closer and closer to him, until her nose was almost pushing his off the trail of the beetle which they were following round the apple tree. Oggy stopped again and looked at her in exasperation.

'I was quiet,' she said quickly.

Oggy made a great effort not to snap.

'I also said don't get in the way,' he reminded her. 'If you want to come with me, you'd better stay right behind all the time.'

After that, however, he decided that it was not worth scolding her, because if he stopped every time she started talking, he would never catch anything at all. It was easy enough to ignore her, he found, and she seemed quite happy to chatter away behind him, whether he answered or not. Unfortunately, just when things appeared to be going nicely, a movement in the flower-bed they were passing at that moment reminded Tiggy that she was supposed to be learning to hunt. With squeals of excitement she rushed into the flowers like an express train, and jumped and crashed about for some minutes, trying to find the thing that had moved. When she emerged, panting and eager, Oggy glowered at her.

'I thought cats were supposed to be silent, agile creatures,' he said indignantly. 'But you're the clumsiest, noisiest thing I've ever met. You're more heavy-footed than something twice your size! Charging around like a herd of cows!'

Tiggy sat down and cocked her head.

'What's a herd of cows?' she said meekly.

'Oh, never mind,' Oggy snapped, and turned back to the slug trail he had been trying to follow.

It was no use. Now that the kitten had remembered what she was meant to be doing, she insisted on "helping" Oggy all the time, but she had precious little idea of how she should do this. Instead of gently following a scent until she caught up with it, she would sniff around frantically in one place, and then if she did not find the thing the scent belonged to right away, she would tear off after something else. Even when Oggy could persuade her to follow one trail for a little while, she was distracted from it by the slightest thing, abandoning the pursuit of a snail she could have found easily, to scuttle after a spider that was bound to escape. Even when she actually caught something, more by luck than judgement, she often let it go again, because she did not realize that she had it at last. Oggy could have screamed to see her sniffing and

peering around for a beetle that was in fact under her own foot. And of course, as soon as he told her where it was, she picked up her paw to see, and her quarry ran off as fast as it could. Furthermore she had the silliest ideas about what she could catch.

'That's an insect, isn't it?' she would cry, as she caught sight of a moth fluttering over her head, and at once she would be jumping and prancing about on her hind legs, trying to grab the thing.

Oggy had never been more relieved in his life than he was when they heard the girl calling Tiggy from the back door, but the kitten had evidently enjoyed herself.

When he woke next evening, Oggy decided that he really could not stand another spell of "hunting" with Tiggy, so he would just stay away from the house until after the time when she was usually called in. Very likely she would have forgotten all about it by now anyway, he told himself, feeling a little mean about it.

She had not forgotten. In fact she was waiting patiently outside his place under the hedge, when he emerged, and it looked as if she had been waiting there for some time. She sat up alertly as soon as he appeared.

'Ah!' she said. 'I'm ready to help you again.'

Oggy resigned himself to his fate, with the thought that at least she would not be with him all night.

This time Tiggy managed to catch a worm and was so pleased with herself that she ran round the garden with it in her mouth for some time, before presenting it to Oggy. He suggested that she should eat it, since she was supposed to be learning how to fend for herself, but she laid it down delicately in front of him and said that she did not think she was hungry just then, and anyway she had caught it for him.

On the following evening she caught two more worms, which she also bestowed on her teacher, and after that she seldom attempted to catch anything but worms.

'I'm getting good at hunting, aren't I Oggy?' she demanded. 'Don't you think I'm getting good? Well, quite good really?'

For the sake of a quiet life, Oggy agreed that she really was getting quite good.

'Yes.' Tiggy nodded with satisfaction. 'I think I'll catch something for Mum too.' And when she left him to go indoors, she trotted across the lawn with two more worms in her mouth.

The next night Tiggy was not waiting by the hedge. Oggy was slightly surprised, because she had seemed to be growing more enthusiastic about her 'hunting' all the time, and he had not expected her to lose interest so suddenly. However, when he arrived at the saucer of bread and milk outside the back door, he found Tiggy sitting beside the dustbin.

'Hallo then,' he said, glancing at her as he settled down to his first supper. 'Hunting tonight?'

'Oh, hallo. No. I don't think so,' said Tiggy distantly. She looked away and licked her shoulder uneasily.

Oggy concentrated on his food, but when he had finished he said:

'Did she like the worms?'

Tiggy huffed crossly.

'Worms!' she said.

'I thought you liked worms,' said Oggy.

'Well Mum doesn't,' the kitten snapped. The end of her tail twitched. 'She made an awful fuss and mewed no end about it. Then all the others came and *laughed.*' She glared at him indignantly. 'They said "Poor old Tiggy, she's so slow she can't catch anything faster than a worm." '

'Too slow to catch a cold, eh?' said Jim Starling, plopping down beside them.

'That's not very nice,' said Oggy, trying to suppress his amusement, but snickering helplessly nevertheless.

Tiggy glared at the bird.

'You – you—!' She suddenly pounced at Jim, and he barely escaped with all his feathers to perch on the gutter over the back door. 'I'll catch *you* next time I get a chance!' she spat.

'Whoops!' said Jim. 'Not likely! I'm off on tour for the summer season. Only came to say ta-ta.' He flew off whistling cheerfully.

'Come on,' said Oggy, in a belated attempt to be encouraging. 'You could try catching something else.'

'No,' said Tiggy, staring with an air of injured dignity over his head. 'I don't think I'm very interested in hunting any more.'

6 Tiggy's Zoo

The tabby kitten appeared to blame Oggy as much as the Family for the lack of appreciation shown for her worms, and for a day or two she was not on speaking terms with anyone. Then one night Oggy found her sitting outside the back door looking pleased with herself. A small flap had been put into the bottom of the door, and this, Tiggy explained, was her very own entrance. She popped in and out several times to show Oggy how it worked (much to the annoyance of the people inside, who shouted at her) and even invited him to try it as well, but though she was once again as friendly as ever, she would not even talk about hunting.

Oggy was therefore surprised about a week later to find her patting something about on the lawn. Her ears were pricked forward and she was looking eager and interested, but a little puzzled. Oggy ambled across to see what she was doing

'So, you've been off hunting on your own, have you?' he said cheerfully, peering at the thing Tiggy had been patting. It was a dead shrew.

'No,' said Tiggy, staring at him as if she could not imagine what he was talking about. 'I haven't been hunting since the worms.'

'You didn't catch that yourself, then?' said Oggy.

'Oh yes, but that wasn't hunting,' the kitten told him. 'It's my pet. I was playing with it. Everyone has pets: Michael and Jane, and Nextdoor – both Nextdoors. Now I've got one.'

'What's a pet?' Oggy said suspiciously.

'It's an animal you keep in a box-thing called a cage.' Tiggy became bright and informative. 'Michael and Jane have mice – white ones – and Nextdoor that way—' she waved a paw '—have guinea pigs, and the other side have gerbils.'

'What sort of animals are *they*, for heaven's sake,' Oggy demanded.

Tiggy gazed around vaguely.

'Oh, well,' she said, 'guinea pigs are a lot bigger than mice, and gerbils are bigger than mice but smaller than guinea pigs.' Then she hurried on as if aware that her descriptions of the animals in question had been less than clear. 'If you have a lot of animals in cages it's called a Zoo – Michael said so – he said *he'd* have a Zoo. Then they take the animals out and play with them.'

It did not at all suit Oggy's idea of the way things ought to be, to find that the kitten could tell him things about the People that he did not know, and so he was inclined to scoff.

'Play?' he exclaimed. 'How can humans play with animals?' His idea of playing was running around with other animals, pretending to chase and fight, and he could not see how human children could do this with mice.

'They let the pets run about, and they look at them, then they bring them back,' said Tiggy. 'Like they do with Toys. Toys are little things they push about the floor. Tiny cars about this size.' She patted the shrew again. 'That's what I was doing. I let it run, then I stopped it and picked it up, then I let it run again. Only now it won't run any more.' She cocked her head and looked at the shrew. 'I think it must be broken. That's what they say when the little cars won't run.'

Oggy was indignant.

'Broken!' he cried. 'It's *dead*, that's why it won't run any more.'

'What's that?' Tiggy demanded. 'It *will* run again when Dad's mended it. He mends the little cars, and he'll mend this, then I can play with it again.'

'An animal can't be mended when it's dead,' Oggy said grimly. 'The only thing you can do with that shrew now is eat it.'

'Eat it!' the kitten shrieked. 'I don't eat animals! I want to play with it, not eat it.' She flattened her ears and looked stubborn. 'It's just broken and Dad'll mend it.'

'All right, it's broken,' said Oggy. 'But dead is when something's broken so that it can't ever be mended again. And that shrew is *dead*.'

'I'm going to take it to Dad,' Tiggy said firmly. She picked up the shrew and trotted to the back door.

Oh well, she'll learn, thought Oggy, and he followed at a leisurely pace to see if his food had been put out yet. He had not even reached the end of the lawn, however, when he heard the sound of raised voices. The back door was suddenly flung open and the woman came out followed by the girl. Tiggy ran out behind them shouting:

'It's mine. Dad'll mend it. Give it to me. It's my pet!'

But they took no notice of her. The woman, who was holding something in her hand, went straight to the dustbin, lifted the lid, and dropped the something in.

'Oh Tiggy!' said the girl sadly. 'I thought you were a *nice* pussy-cat.'

'It's mi-i-i-ine,' wailed Tiggy, stalking round their feet and looking up at them.

But they shook their heads at her and went back into the house. The girl waited at the door for a moment and asked Tiggy if she wanted to come in, but the kitten continued to pace round the dustbin, complaining about the loss of her shrew. When the door had closed behind the two humans, Oggy emerged from the shadows to have his supper.

'It's no use you howling about it,' he said between mouthfuls. 'You won't get it back. And anyway, I told you it was dead.'

Tiggy growled and tried to reach the dustbin lid by standing on her hind legs. When that failed, she jumped on top of the lid, hooked her claws over the edge and tried to pull it off. Oggy looked up to see what she was doing.

'It doesn't work,' he told her. 'I've tried it myself. You can't get into those things.'

The kitten jumped down and turned her back on him.

'It was mine – my Pet. It was only broken,' she muttered.

'Well that's what happens to things that get broken,' said Oggy, finishing his bread and milk. 'You'd better watch out that someone doesn't break you one day.'

He knew from her round, offended back and twitching tail that she was going to sulk, and so he went off, sniggering heartlessly.

*

Several times during the next few nights Oggy saw the kitten creeping about the garden, sometimes sniffing as if she were following a trail, sometimes digging excitedly in the leaves under the hedge. Once, very early one morning, he saw her

crouching intently under a bush, watching a blackbird on the lawn. Now that she had her own door, Tiggy came and went about the garden as she pleased, but Oggy actually met her less often than before. He thought at first that she was still offended, because he had been unsympathetic about the shrew, but soon he decided that she must have forgotten that, since whenever they did happen to meet she was not unfriendly, but only exaggeratedly secretive. She was definitely up to something.

Then one morning when he was returning home at first light, he saw Tiggy heading purposefully towards the house, with something dangling from her mouth.

'Ah!' he exclaimed. 'You've been hunting again!'

Tiggy frowned at him over the mouse she was carrying.

'Uffle-woffle,' she said severely.

'Don't talk with your mouth full,' Oggy sniggered.

The kitten carefully deposited the mouse on the ground and held it with one paw.

'I haven't been hunting,' she said. 'I've just collected this mouse for my Zoo. It's not a bit broken, you see?' She bent down and sniffed the mouse to make sure of its condition, and Oggy could see the creature gasp with fright. 'I've got a nice cage for it, and I'm going to keep it as a Pet.' She nodded decidedly and before Oggy could make any comment, she picked up the mouse again and continued on her way to the back door.

Oggy watched her climb with the greatest care through her flap.

'She's potty!' he said.

He was not the only person to take this view, as he discovered later that morning. He had just settled down nicely for the day and was deep in his first sleep, when he was disturbed by a tremendous to-do only a foot or so from his ear. He tried to ignore it for a few minutes, but then he caught the odd word here and there that made him listen in spite of himself.

'... that cat's out of her mind!' someone was saying. '... shouldn't be allowed loose ...'

There was a gabble of small, sympathetic voices, and the first speaker Oggy had heard chimed in again.

'She kept calling me her *pet*, and talking about a thing

called a *zoo*. Then she shoved me in this black thing, and told me I'd get my food when she had hers.'

Oggy decided it was time he heard the whole story. He heaved himself out of his bed and clambered out on to the roots at the bottom of the hedge.

'Now what's all this about?' he demanded. 'Can't you let an animal sleep in peace?'

For a second there was silence. Oggy peered round to see that the disturbance had been caused by a mixed party of shrews, mice and voles, who now stared at him tongue-tied, until a large mouse in the middle of the group suddenly shot up the nearest bush shouting:

'It's him! The hedgehog she goes around with! I seen him this morning! Take cover! He'll fetch her!'

The rest of the small rodents instantly disappeared, while the mouse in the bush continued to squeal shrill abuse at Oggy.

'Shut up and don't be so stupid,' Oggy said peevishly. 'The last thing I want right now is that cat trampling around when I'm trying to sleep, and all I want from you is to know what happened in the house and how you got away. Then you can push off as fast as you like.'

'Ha!' said the mouse, calming down slightly, but still quivering with outrage. 'It was one of the humans. That dumb pussy cat was still prowling round the thing she put me in and jabbering on about her zoo, when the big female human came and picked the thing up and looked into it. My stars! I thought I'd die of fright!' The mouse chittered hysterically at the mere recollection of it. 'That huge face! And the noise she made!' it squeaked, gradually getting itself under control again. 'She yelled "There's a mouse in my bag!" Nearly deafened me. But at least she had more sense than her rotten cat, 'cause she picked me out straight away and let me loose outside. And she wouldn't let the moggy out until I was

well away. She's mad, that cat: completely mad.' The mouse glared at Oggy. 'Can't you do something about her?'

Oggy snorted.

'If you're silly enough to get caught by a cat like that, it's your own look out,' he said. 'Be grateful you're still alive.' He stumped back to his bed, leaving the mouse squeaking with fury.

In spite of what he had said to the mouse, Oggy decided the next night that he really should try to convince Tiggy that she ought to give up her ambitions as a collector of pets. He had a feeling that though it was perfectly all right for any animal to hunt for its living, there was something highly questionable about terrorizing other creatures just for amusement. Unfortunately he did not see the kitten until dawn, when he spotted her once again hauling something into the house through her cat door.

She was having rather more difficulty this time than she had had with the mouse, for her new 'pet' was a hen blackbird. As the kitten was still quite small, and the bird was full-grown and in a flailing panic, it was astonishing that Tiggy had managed to get it so far, and Oggy was sure that she would never drag the bird through her door. Very much to his surprise, however, she bundled it through with one last heave, and the flap clanged shut behind them.

'Well I never!' Oggy exclaimed in amazement. It was the silliest thing he had ever seen: one small tabby tussling grimly with a bird almost as big as herself. He simply had to see what happened next, and so he trundled round the back of the house to the french windows, in the hope of seeing more of Tiggy's contest with her unwilling guest.

He had hardly taken up his position outside the windows, when Tiggy staggered into view, still dragging the blackbird. A large shopping bag was standing near the window, and it was apparently this that Tiggy had chosen to be her pet's 'cage', for she hauled the bird over to it, and started trying to stuff it in. It took some time, since she could not at first find any way of holding the top of the bag open while she pushed the bird in. In her excitement and confusion she was frequently standing on the bag with her back feet, while trying to open it with her front feet and hold the bird in her mouth at the same time. Several times she rolled over, all tangled up with the bag and the bird, but at no time did she let go of her prey, and at last she managed to confine it by climbing into the bag herself. Tiggy and the bird both disappeared below the top of the bag, the black sides bulged and shook, then Tiggy's head appeared at the top again. With the air of someone who had successfully accomplished a difficult task, she clambered out of the bag, to be followed almost immediately by a dark shape that flapped wildly out of her reach, before she could turn round.

The bird hurled itself at the french windows, believing that it could fly straight through, and Tiggy came bounding after it. For a moment, while the bird fluttered against the top of the window, the kitten prowled agitatedly below, calling to it, then she made a jump for one of the long curtains and swarmed up it to reach her quarry. The blackbird at once turned and made for the other windows at the far end of the room. Tiggy hung on the curtain, swearing in a blood-curdling fashion, and then tried to follow the bird by leaping across the room after it. Not having wings, however, she landed untidily on a table in the middle of the room, skidded on the polished surface, and hurtled over the edge along with a bowl of flowers which shattered on the wooden floor. Tiggy picked herself up, shaking water and petals out of her eyes, and bounded at the far window. This time she was less careful in her choice of a climbing rope, and tried to haul herself up by the net curtains. They bore her weight only as long as she kept still, but as soon as she tried to climb they ripped and deposited her on the window sill. In her struggles to free herself from the folds of net which descended around her ears, Tiggy kicked an ashtray to the floor, and this also smashed, but she took not the slightest notice. Her eyes were fixed on the blackbird

which was now fluttering back down the room, close to the ceiling.

In her next attempt to recapture the bird, Tiggy decided to use the bookcases as a ladder, and as she jumped and skidded from shelf to shelf, her progress was marked by a shower of small ornaments, books and loose papers which she dislodged at every move. Cat and bird had just reached the french windows again, when a door opened at the other end of the room and the man appeared. He was wearing baggy, stripy clothes, his hair was all standing on end and he did not look happy; Oggy heard his voice quite distinctly, even through the glass.

'What the blazes is going on here?' he roared.

No, thought Oggy, he was not happy at all.

Disregarding the kitten, who was still clinging to the top shelf of one of the bookcases, the man opened one of the smaller windows beside the long ones and drove the bird out. Oggy ducked involuntarily as the blackbird shot through, and the next thing he knew, the kitten came sailing out after it, to land near him in the flower bed.

'Flamin' silly cat!' the man shouted, and slammed the window so that the glass rattled.

Tiggy scrambled to her feet and looked around dazedly.

'Whassat?' she said, and then as she collected her wits and remembered what she had been doing, she sat down, threw back her head and began to wail. 'My pet!' she howled. 'He let my pet escape!'

'Shurrup!' Oggy snapped.

The kitten stopped wailing and stared at him coldly.

'It's not fair,' she said. 'I'd got a nice place to keep them. They wouldn't have been in anyone's way. Why shouldn't I keep animals like everyone else?'

'Keep animals?' Oggy exclaimed indignantly. 'You're an animal yourself. You ought to leave other creatures alone, unless you need to eat them.'

'I don't want to eat animals!' Tiggy cried. 'That's crooool. I only wanted a Pet. And what do you mean, I'm an animal? I'm not an animal. I'm a person. I live in a house, so I'm a *person*. Animals live in cages. I don't live in a cage, I live in . . .'

'I know where you live!' Oggy bawled. 'It doesn't matter. I don't live in a cage either, and I'm an animal.'

Tiggy peered at him doubtfully.

'I thought you were some sort of person too,' she said.

'Well maybe I am,' said Oggy, unwilling to be thought in any way inferior, even by Tiggy's nonsensical standards. 'But I'm an animal too. And so are you. *And so are the humans*!' he produced this trump card with triumph, but Tiggy was frankly disbelieving.

'I'm not an animal,' she repeated with an air of finality. '*You* can be an animal if you like, but I'm not.' And she stalked round the corner of the house with her tail fluffed out like a bottle brush with offended dignity.

Oggy heard the cat door bang behind her. He snorted.

'*Flamin' silly cat!*' he muttered with relish.

7 Holiday

Once again Tiggy went off in a huff that lasted several days, and she had hardly started to come round when something happened which gave Oggy a very unpleasant shock. He arrived at the back door one evening to find that there was no food and the place looked ominously tidy.

'Now don't jump to conclusions,' he told himself severely. 'They're just late.'

He took himself off as calmly as he could to find a bite of something for himself in the garden, and then returned to the house, but still there was no plate outside the door. Still telling himself not to get excited before he knew that anything was wrong, he sat down among the flower pots to wait for Tiggy, who had taken to coming out for a turn in the garden shortly after the lights went out in the house.

The lights. Oggy looked up anxiously and realized that he had seen no lights at all in the house that night. It looked very much as if no one was at home.

He hung about the back door all night, only going off for short spells now and then to find food, but no signs of life appeared in the house: no lights, no sound, no Tiggy. Once he pushed his nose under the flap of the cat door and peered in, but there was nothing much to be seen, only a small space with another door on the other side and a number of objects (the uses of which were quite unknown to him) lying on the floor or propped up against the wall. By daybreak he was beginning to fear the worst: His People had gone away again, and this time he had not the least idea of where they had gone.

'Ohdearohdearohdear!' he muttered, scuffling miserably round the house in the dawn half-light. He squinted hopelessly in through the french windows: empty, no one there, all cold and bare . . . but just as he was working himself into a thoroughly miserable state he noticed something. The room certainly looked different, stiff and tidy as it never was usually, but not different enough somehow. He racked his brains to remember what the inside of the London house had looked like after the People had left it, but it was too long ago. All he could recall was that it had been very quiet and cold like this, and it had been a different shape. He looked through the window again. This room still looked the same shape, anyway. Had they gone or had they not? He shook his head and went disconsolately back to his bed under the hedge. Perhaps he would know more when he came out again at night.

In the evening, however, everything was just the same.

Well, he thought, trying to be practical, no point in sitting outside an empty house for another night, and in a a melancholy mood he set off to forage. He did not feel like staying in his own garden, and so he climbed over the fence into the garden next door, where he had his first surprise of the night. There outside the back door of the next house, was a plate of food and a satisfied hedgehog was strolling away from it.

'I say!' called Oggy, scuttling across as fast as he could. 'Is that your food? Have you finished with it? I mean, would you mind if I had some?'

The other hedgehog stopped and looked surprised.

'Help yourself,' he said. 'It's not mine particularly – I think it's put out for anyone who comes along. Several houses do it.' He nodded towards Oggy's own garden. 'There's always a plate outside that one too, but it's usually empty by the time I get here of an evening.' He ducked his head pleasantly and went on his way.

Still very surprised, but glad to have found a quick supper after all, Oggy finished up the food on the plate and went on his way. Remembering what the other hedgehog had said, he went round all the houses in the road, and he discovered that it was perfectly true: four or five more had plates outside the back door.

He returned to his own garden later that night, by way of the house on the other side, and there he found his second surprise. There was no plate outside the door here, but there was a smell of food somewhere. After snuffling around for a little while, he traced it to a funny little house made of wood and wire mesh standing in the middle of the lawn. He sniffed round it thoroughly, he climbed right over it, but there seemed to be no way of getting in. He was about to make another circuit of the thing, just to make sure he had not missed anything, when he heard grumbling noises and looked up to find himself being watched by two animals inside the wire house. There was a black and white one and a brown one.

'Good evening,' said Oggy.

'Is it?' said the brown animal.

'It might be,' said the black and white one.

'For some,' the brown one added.

It was not a promising start, but Oggy was intrigued, never having seen animals quite like these before.

'My name's Oggy and I'm a hedgehog,' he persisted. 'What are you?'

The two animals behind the wire looked at each other, then glanced sharply at Oggy, then at each other again.

'We're guinea pigs,' they said together.

Oggy stared at them. He had stopped trying to understand most of what Tiggy said about house life, and he never quite believed any of it, so he had hardly taken in her rigmarole about pets. Nevertheless the odd name these animals gave themselves rang a bell in his memory.

'You must be pets, then!' he exclaimed. 'And this is a cage.' He sniffed the wire with growing interest.

The guinea pigs gave each other a startled glance.

'That's right,' they said, once again in chorus.

'So what are you called?' Oggy inquired. The conversation was rather heavy going, but it had occurred to him that these animals might know something about the people's movements, that would be of use to him in deciding where they had gone.

His question seemed to cause the guinea pigs an undue amount of concern, for they turned to each other and muttered urgently for several seconds, then the brown one said:

'It all depends who's talking to us.'

'Sometimes we're Emily and Charlotte,' said the black and white one.

'And sometimes we're Dud and Pete,' the other added.

'Or Porgy and Bess?' the black and white one suggested.

'But mostly we're called Guinny and Piggy,' the brown one concluded.

'And which of you is which?' Oggy asked.

The guinea pigs looked startled again and shuffled hastily into a corner of the cage where they muttered to each other for some time. Then they returned to Oggy.

'I'm Guinny and he's Piggy,' said the brown one.

'Mostly,' the black and white one added cautiously.

Oggy began to think that he could well have been mistaken in thinking that these animals could be of assistance to him.

'Good,' he said uneasily. It seemed best to go straight to the point, and so he went on; 'Can you tell me anything about the people next door. They seem to have—'

'They've gone away,' Piggy broke in (if it *was* Piggy).

'Yes, that's what I thought,' said Oggy. Even though he

had guessed that it must be the truth, he found it very discouraging to have it confirmed. 'The thing is—'

'They left their mice at our house, so we know they've gone away,' said Guinny.

'Yes,' said Oggy. 'But what I wanted to know was—'

'They went yesterday,' said Piggy.

'*Where have they gone?*' Oggy shouted.

Both guinea pigs stopped whiffling their whiskers and stared at him, then they turned to each other and started muttering again in an agitated manner, glancing at him over their shoulders from time to time. Oggy had almost decided that they were not going to speak to him again, when they seemed to come to some conclusion. They turned back to him and as one animal they said:

'Holiday.'

Oggy stared at them blankly.

'Holiday?' he said.

The guinea pigs nodded, perfectly in unison.

'Holiday,' they repeated.

'Where's that?' Oggy asked.

Guinny and Piggy were thrown immediately into a terrible state of confusion. They recoiled from the wire and gazed wildly at each other as if the hedgehog had said something too awful for words. Then they rushed into the wooden part of their cage, and Oggy could hear them muttering frenziedly. At last a brown head poked out of the hole in the wooden wall.

'Sea!' it called nervously, and withdrew immediately.

'See what?' Oggy demanded, pushing his nose against the wire.

This time a black and white head appeared.

'No, I don't think so,' said Piggy.

'It's more like *a* Sea,' said Guinny, squirming past his fellow.

'Or *the* Sea,' said Piggy. Both guinea pigs were now once more in the open.

'*The* Sea?' Oggy said. 'You mean Holiday is somewhere near the Sea? Why didn't you say so in the first place? I know all about the Sea.' (It was a shameless exaggeration because in fact he knew very little about the sea, but he probably knew more than the guinea pigs).

'I don't know about *near* Sea,' Piggy said dubiously. 'I think it was *to* Sea. *On* Holiday *to* Sea.'

'Or *to* Holiday-on-Sea?' Guinny mused.

They drifted slowly back towards Oggy, murmuring 'to?' 'on?' 'Holiday-on?' to each other in a gently mystified tone of voice.

'Look,' said Oggy patiently. 'The Sea is water, so is Holiday something floating on it like a barge on the canal? Is that what you mean?'

The guinea pigs stared at each other, and then at him, shaking their heads.

'Does it matter?' Piggy asked him. 'It isn't here . . .'

'. . . so why do you want to know about it?' Guinny finished the sentence for him.

'Well, because I want to follow them,' Oggy said, taken aback. 'I like living near them. You like *your* people, don't you?'

'Oh yes,' said Guinny vaguely, but Piggy said in a puzzled voice:

'Why can't you just wait till they come back?'

'What? They aren't coming back, are they?' Oggy exclaimed.

'They usually do,' said Piggy. 'People usually come back from Holiday. It happens, oh . . .' He shook his head.

'Quite often?' Guinny suggested.

'Oh yes,' Piggy agreed. 'They go away and their mice

come here. Then they come back and when our people go away, we go there. It happens quite often.'

'... often,' Guinny echoed.

Oggy was extremely cross.

'Why on earth didn't you tell me that in the first place?' he demanded. 'It doesn't matter where it is, if they're coming back.'

'You didn't ask,' said Guinny, and at the same moment Piggy said:

'That's what I told you.'

Oggy turned away from the cage and stumped off in a temper, resolving never to try to engage the creatures in conversation again.

'Have a nice time!' they called after him.

During the next few nights Oggy wandered round the other gardens in the vicinity far more than he had before, eating now and then from the other plates, and he made the acquaintance of other pets in the process. There was a large black and white rabbit with improbable ears, some ratty looking things which turned out to be the gerbils Tiggy had mentioned, and several lots of guinea pigs and white mice. They were all as boring and difficult to talk to as Guinny and Piggy, but they all told the same story of the occasional disappearances of their people, during which they would be looked after by someone else. Once he had established that what the guinea pigs had told him was probably true, Oggy did not bother with the pets any more. He was sorry for them in a way: no doubt they were such boring animals because they led boring lives. All the same he did not see why he should have to be bored by them. The rabbit, for instance, had been on his own so long, that he only ever talked to himself, even when there was someone else to talk to.

Then just when Oggy was beginning to have doubts again

about the truth of this Holiday business, the Family came home. He knew they were back as soon as he emerged from the hedge in the early evening. There were things hanging on the clothes line, the windows of the house were open, and he could hear movements inside. It was still light, and so he decided it was too early to go up to the house for food, but

halfway up the garden he found Tiggy and Pooch, whom he seldom saw at close quarters, lying together under one of the apple trees. They looked as if they were recovering from some ordeal.

Oggy was not afraid of dogs, for he knew that they could not do him any harm if he rolled up, but he did not particularly care to be nosed and sniffed by an animal so much larger than himself. He hesitated and shrank his head back a little. But if he intended to retreat, he had already lingered too long. Tiggy had noticed him.

'Thank goodness you're still here,' she said plaintively,

getting up and running to him. 'It's nice to be back. Doodle-oodle-oo?'

'Very nicely thank you,' said Oggy, still keeping a cautious eye on the dog.

He need not have worried. Pooch was a sloppy white and brown animal, with an easy-going temperament and a long streak of laziness. He had seen hedgehogs before and did not believe in wasting energy on anything so commonplace. He raised his head for a moment to glance indifferently at Oggy, then laid it down again on his paws with a deep sigh.

'Well,' said Oggy to the kitten, when he was sure that Pooch was not going to make a nuisance of himself. 'What was it like?'

'What?' said Tiggy.

'Holiday,' Oggy said impatiently. 'Where the Family went. Where is it?'

'Ha!' snapped Tiggy. 'How should I know?'

She began to wash herself fiercely. Oggy was intrigued.

'Didn't you go there with them, then?' he asked.

'Ha!' said Tiggy, and went on washing.

'Well where did you go?' Oggy demanded.

This time the kitten simply glared at him and said nothing at all.

'They put us both in kennels,' said Pooch, raising his head languidly. 'She doesn't seem to have liked it much.'

'They put me in a cage!' Tiggy cried, fairly bristling with outrage. 'Me! In a cage! Behind wire! Me—'

'Keep your fur on, moggie,' Pooch said grinning. '*My* place was quite comfortable.'

'I'm sure it was!' Tiggy sneered. 'Nothing bothers you so long as you get enough to eat and no one asks you to exert yourself. You don't even mind being treated like an animal. In fact . . .' She narrowed her eyes suspiciously. 'I'm not sure that you're *not* an animal.'

'Oh tell us news,' said Pooch, rolling over on his back and wriggling luxuriously.

'What?' exclaimed Tiggy in disbelief. 'You're prepared to—'

'There you are!' Oggy said triumphantly. 'They put you in a cage, did they? Well that proves it. You *are* an animal, even by your own reckoning. Now me . . .' He scratched his ear and shook himself complacently. 'I've never been in a cage in my life. I've always been a *friend* of the Family, never a Pet.'

Tiggy was enraged and even Pooch growled doubtfully, as if he felt that the hedgehog was giving himself airs at their expense.

'But I'm quite prepared to accept that I'm an animal like anyone else, all the same,' Oggy added hastily.

Pooch subsided once again into his impression of a fur rug.

'You know, that reminds me of something the boy said to me the first time they left me in kennels,' he mused. 'He told me that people stay in things called hotels when they go away, and that kennels are hotels for animals, so do you think that means they put themselves in cages? And would that make *them* animals too?' He looked across at the kitten and raised his ears slightly.

Oggy said:

'A badger I used to know always spoke about humans as just another sort of animal.'

But Tiggy looked confused.

'I'm a person!' she wailed plaintively. 'I know I am. I *am*!'

'And an animal,' Oggy said firmly. 'We all are.'

8 Flea powder and the excursion

This time Tiggy was slower to recover from her annoyance, and she went on grumbling night after night about all the things she was not allowed to do and the stupid little mistakes for which she was scolded, until any sympathy Oggy might have felt for her at the start was completely exhausted. At first it had seemed a little unfair that pretty well everything the kitten tried to do turned out badly, and that she invariably ended up being punished for things that were not entirely her fault, but in time Oggy began to feel that she could help herself by being a little less obstinate: once she knew that the People did not like her doing something, common sense suggested that she should stop doing it, but Tiggy's reaction was always to try and find a way of doing it without being found out. Also her attitude towards the Family these days made Oggy feel uncomfortable. He still had a great respect for humans, and was very proud of his relationship with His People, so that he did not at all like to believe that Tiggy was right, when she told him that the closer to them you lived, the more nuisance they were. Furthermore, he had an uneasy idea that the very way the kitten criticized the Family showed how much more familiar with them she was than he could ever be. It took a personal experience of the disadvantages of human friendship to adjust his point of view a little.

The children in the house had grown used to Oggy's nightly

visits and no longer looked out for him specially, but they would usually watch for a while, if they happened to see him at the plate. One evening when Tiggy was eating her own supper, she heard the girl say:

'Here's Oggy.'

The kitten gulped down her food as quickly as she could, afraid that Oggy might finish his meal and go before she got out, and then she ran to the back door, only to find that the boy and girl were both watching the hedgehog through the glass panel alongside the door. She pushed past their legs and scrambled through her flap.

'You don't get any daintier, do you?' said Oggy raising his nose from the plate as she thudded through. 'Still Little Pussy-Lightfoot.' He sniggered into his food.

Tiggy ignored him and started washing herself. When she thought she had sufficiently demonstrated her indifference to his remarks, she sat upright and alert in front of the pot plants, waiting for him to finish. The watching children were intrigued.

'Look at that,' the boy whispered to his sister. 'Tiggy's watching the hog too!'

'So she is!' said the girl. 'From the way she rushed out, you'd think she was afraid of missing him.'

'And did you see how Oggy looked at her?' the boy demanded. 'He wasn't a bit surprised. I bet she does it every night.'

'Tiggy's an amateur hog-watcher,' the girl said delightedly, and called her parents to come and look.

The grown-ups arrived at the window just in time to see Oggy turn away from the plate, and Tiggy get up and follow him across the lawn.

'Well I never did!' said Mum. 'What does that cat think she's up to?'

'Trying to learn how to be a wild animal?' Dad suggested.

'She needs some lessons!' the boy scoffed. 'Catching worms!'

'Perhaps it was the hedgehog that taught her to catch worms,' said the girl.

The man laughed.

'I think that's going a bit too far,' he said.

But Mum frowned slightly.

'Hedgehogs have masses of fleas, don't they?' she said. 'Won't Tiggy pick them up, if she's following Oggy around like that?'

Dad said he did not think there was anything to worry about, since hedgehog fleas usually stick strictly to hedgehogs, but Mum did not seem to be convinced.

'I think we ought to take a few elementary precautions, all the same,' she said.

She took her precautions the very next night.

Tiggy was sitting among the flowerpots, where she usually

waited for Oggy to finish eating, and Oggy was in the middle of his meal, when the back door opened and the woman came out followed by the two children. The kitten looked round with mild interest, wondering what they were going to do and whether it would be amusing, but Oggy only checked for a moment to make sure that nothing threatening was going on. The three humans stood outside the door and looked at them.

'How shall we do it?' the boy asked.

'I suppose the best way would be to make him roll up,' said Mum. She knelt down on the paving stones and prodded Oggy gingerly with something that looked like a short, pointed stick.

Oggy glanced up at her resentfully. Bother, he thought, why does she have to play silly games when I'm eating? He turned away towards the rosemary bush beside the door, intending to hide there, but suddenly he was surrounded by feet. It was too bad, he told himself crossly. He rolled up where he was, hoping that they would soon get bored and leave him alone.

Tiggy sat upright among the plants and watched with round eyes. Was Oggy going to be collected and put in a cage? She rather hoped so. Of course she did not wish him any harm, but she thought it would do him good to know what other people had to put up with. (She had completely lost interest in zoos.)

But Mum showed no signs of collecting the hedgehog. Instead she produced a cylindrical object from the pocket of her apron, twiddled the top, and started to shake it over Oggy. A fine white powder came out of it, and Oggy twitched uneasily but only tucked his nose in all the tighter. After a couple of shakes, Mum rolled the hedgehog over with her pencil and shook the cylinder over him again, and soon Oggy looked as if he had been dropped in a bag of flour.

'Right,' said Mum, straightening up. 'Now where's the other one?'

'She's over by the dustbin, looking smug,' said the girl.

'Oh is she?' said Mum. 'We'll soon alter that.' She stepped over the hedgehog and his supper, and scooped Tiggy up before the kitten had time to see what was coming.

Tiggy had never been so insulted in her life. She was powdered and turned over and powdered again. She was powdered on her back, her front, her head, her tail. She coughed and sneezed and wriggled and protested, but it was no use: in three minutes she was covered all over with frightful, smelly dust.

'There, the fleas haven't the ghost of a chance on either of you now,' said Mum putting her down again.

For a moment the kitten stood rigid with indignation, then she shot away down the garden, followed by the children's laughter.

'Oh dear, I don't think she appreciated that at all,' said Mum.

'I don't suppose Oggy will either,' said the boy. 'Let's go inside and see what he does.'

Oggy could hardly wait until he heard the door close behind the humans, before he uncurled and moved away, for he had become aware of a most disagreeable smell nearby. There was a lot of dust around too. He stood up, sneezed and shook himself, and at once the dust grew worse. He set off across the lawn as fast as he could, but still he could not escape from the awful stuff, so that it seemed to him as if a cloud of dust had covered the entire garden. At the end of the garden he ran right into Tiggy, who was sitting in the gap in the hedge behind the compost heap.

'What on earth happened?' said Oggy breathlessly.

Tiggy was almost too angry to speak but she managed to tell him everything. When she had finished Oggy was nearly as outraged as she was.

'But why on earth should they do *that*?' he exclaimed.

'Some silly joke I expect,' Tiggy spat. 'Didn't you hear them laughing? Well it's the last joke they have at my expense. I'm finished with them. I've leaving home.'

'Where are you going?' Oggy asked.

The kitten cocked her head thoughtfully.

'I'll come with you tonight, and after that I'll have to think,' she said.

Oggy was not sure that this sounded like a very good idea, but this time he could definitely see her point. She had some reason to be put out, and so for that matter did he. He thought he had as good a sense of humour as anyone, but that trick with the powder was merely silly.

'All right,' he said. 'But stay with me, and if I roll up, you'd better get up the nearest tree as fast as you can.'

Tiggy nodded grimly, and they both went together through the gap in the hedge, giving themselves one more shake as they did so.

To the humans, still watching from the kitchen window, they looked like two little puffs of smoke bobbing out across the field.

At first it seemed that Tiggy's night out was going to be entirely successful, and both animals enjoyed themselves so much that they soon forgot their resentment against the Family. Tiggy was full of interest in all the new things she was seeing, while it gave Oggy a grand sense of importance to be able to show and tell her so much. Some time after midnight, however, things took an unfortunate turn. Oggy was just beginning to think that it was time they thought about returning to the garden, when they ran straight into a fox, who was trotting briskly along the woodland path they were following in the opposite direction. Tiggy sprang a couple of feet sideways off the track and Oggy backed quickly after her.

'Good gracious me!' the fox exclaimed, pointing his nose at them in astonishment. 'What have we here? Two busy little urchins? But when did hedgepigs grow long tails and learn to jump?'

'I'm a cat!' Tiggy said indignantly.

The fox lowered his head and crept a step or two nearer.

'*So* you are,' he said grinning. 'But a very *small* cat surely?'

At that moment Oggy, who had been stunned by surprise, remembered that it was not a good idea to hang around bandying words with foxes. He jumped back almost as nimbly as Tiggy and set off up the nearest tree at a remarkable rate.

'Whassamatter?' Tiggy cried looking round wildly.

'Fox!' Oggy gasped.

Even as he said it the fox made a playful pounce at the kitten, but he was a whisker too late, for she had leapt at the tree over Oggy's head, and both small animals were out of his reach by the time his pounce had brought him to the foot of the tree. The fox sat down between the roots and looked up at them as they clawed themselves into the lowest fork.

'What very active young beasts!' he murmured. 'And how curious to find a cat and a hedgehog as travelling companions.' His ears cocked forward and his tongue flicked out as he panted with amusement.

Clinging firmly to the tree, Oggy leaned over to see the fox better.

'Don't I know you?' he said doubtfully. 'Or do all foxes talk the same?'

The fox's amusement disappeared in a flash and he glared at the hedgehog.

'And what, pray, appears to be objectionable in my mode of speech?' he demanded. 'What superior understanding does our urchin possess, that entitles him to criticize?'

'You are the same one!' Oggy exclaimed, for he was sure

there could not be two animals in the world with the same condescending manner. 'You live in London, don't you? Near Hampstead Heath?'

The fox started.

'I do indeed have a town residence in one of the pleasanter parts of the metropolis,' he admitted. 'At present I'm visiting relations. But I don't know how *you* could know where I live.'

'Aha!' said Oggy, sitting back on the branch and looking smug. 'I was the hedgehog who was going to the country. The hedgehog who knew how to cross roads. You caught me and told me about Badger and things.'

'Well, well,' said the fox. 'So you made it. And now you've found a little friend.'

'I found My People again, and this is Our Cat. I'm showing her the world,' Oggy boasted. (Tiggy scowled at him as if she did not care for his proprietorial tone.)

'Showing her the world, are you?' The fox smirked in a superior fashion. 'The Whole World, you mean? You were very interested in the Whole World, I believe.'

'Badger said no one knows about the Whole World,' Oggy said stoutly. 'And what you told me about it wasn't true – nor what you said about him. And you didn't mention the Sea.'

'Sea?' snapped Fox. 'What's that? I told you all anyone needs to know about the world, and if anyone else told you different, they were probably making it up.'

'Ooooo! Don't you know about the Sea?' Tiggy squeaked, forgetting her annoyance with Oggy in the excitement of baiting Fox from the safety of her perch. '*Everyone* knows about the Sea! It's all big water, and people make houses out of sand right next to it. Jane and Michael said, so there!'

Fox stood up slowly and stretched himself against the tree-trunk on his hind legs. Oggy and Tiggy could see that he

could not reach them, but they shrank back, nevertheless, and nearly toppled off. Fox leered at them unpleasantly.

'Now let me tell *you* something that everyone knows,' he said. 'Everyone knows that foxes are very partial to small, cheeky animals. They love munching them all up!'

'If they can get them,' Tiggy quavered, trying to sound bold.

Fox sat down again.

'It's true I can't get up there,' he said reflectively. 'But you two can't stay there forever, and when you come down, I'll be here waiting for you.' He settled down comfortably between the roots of the tree. 'Now which would be tastiest?' he mused loudly. 'I'm rather fond of pork, but the *dear* little pussy-cat might be a toothsome morsel. If they keep me waiting long enough, I might be hungry enough to manage both of them.' He lowered his head to his paws and curled his tail over his nose.

'He'll go to sleep like that, won't he?' Tiggy whispered after a brief silence.

'I wouldn't bank on it, my little pookie-poo,' said Fox sweetly. His big ears stood up, catching every sound, and his eyes glittered.

Fox kept Oggy and Tiggy trapped in the tree until day began to break. He was not hungry, and even if he had been, there were so many easier ways of getting a meal than by chasing cats or unrolling hedgehogs, that he probably would not have thought of eating them, if they had not been saucy. However, it amused him to keep them in a state of terror for the rest of the night. Every time they stirred or whispered to each other, Fox would lift his head and make some blood-curdling remark about the tasty snack he would soon be having. Towards dawn he realized that they must have fallen asleep, and so he got up and tiptoed away, grinning to himself. He wondered how long it would be before they discovered that it was safe to come down. It served them right for trying to be clever.

It was late in the afternoon before the excursionists returned to the garden, having snatched a nervous few hours sleep on the way home. Oggy waited under the hedge to make sure that Tiggy went inside, before turning in himself, but she was too tired and hungry to stand on her dignity just then. She was halfway across the lawn, when the girl burst out of the back door and scooped her up.

'You bad cat!' she cried. 'Frightening us like that! We thought you'd left home, and Daddy said a fox had caught you, but I suppose you were sitting down in the hedge all the time sulking!'

And Tiggy was carried wailing and protesting indoors. She was in trouble again.

Well, thought Oggy, maybe humans *are* a bit too much of a good thing at times.

9 The return of Hodge

After their ill-fated excursion Oggy and Tiggy both settled down for a time better contented with their own lives than they had been before, since the hedgehog had found that living with humans could have its drawbacks, and the kitten now knew that outdoor life was not altogether the picnic she had imagined.

The spring was well advanced now, and the activities of the birds and animals in garden, field and hedgerow were increasing daily. Now that Tiggy had abandoned her idea of collecting animals, she was quite happy to watch them, and though the birds still distrusted her, they eventually became accustomed to her presence. She would sit for hours in the window, or under the rosemary bush by the door, watching the crowd of sparrows and starlings, all screaming and jostling each other on the lawn or bathing at the edge of the garden pond with a huge amount of shrieking and laughing. Sometimes she squeaked softly with excitement, or talked to herself about the birds, when there was no one else to talk to, but she never tried to catch them these days.

Nevertheless, it was the hedgehogs she liked best, for Oggy was not the only one to visit the house now. The hedgehogs who visited the other houses where food was to be found came also to Oggy's People's house and the Family, seeing that there was more than one hog frequenting the garden, began to put another plate down every night. Tiggy

seldom spoke to these other hedgehogs, but she took the keenest interest in them.

Oggy was inclined to be peevish about them at first, but when he found that they were all civil animals, and that there was enough food for him (he made sure of that by always getting to the plates first), he accepted them with a better grace. He was particularly pleased to find that however many hogs passed through the garden, the Family seemed to know him well enough now to recognize him as their first hedgehog and usually greeted him by name.

Then one evening Oggy arrived later than usual, having overslept, to find that the orderly life of his garden had been rudely disturbed. When he was halfway across the lawn and just in sight of the back door, he saw a small shape scuttling through the flower-bed away from the house as fast as it could. He recognized it as a young hog who had been a regular visitor to the garden lately, but he could not imagine what happened to frighten it. It could not be Mum and her dust-box again, because there was neither sight nor smell of the powder. He hurried on to the back door, where he found another hedgehog he knew curled up under the rosemary bush, while a large stranger was gobbling up all the food. Even as Oggy watched, the big hedgehog finished the first plate and turned to the second. Oggy's prickles stood on end with rage and he trundled aggressively up to the stranger. How dare anyone come shoving in like that, he thought, quite overlooking the other's size in his indignation.

The big hedgehog was so engrossed in his meal that he did not realize he had a rival for it, until Oggy was only a foot away from him; then he turned scowling ferociously.

'Ho! So you want ter 'ave a go too, do yer?' he said.

Oggy stopped in his tracks, not only because he had just realized how large the newcomer was, but because the voice, the smell, the whole unfriendly look of the other reminded him of someone he had known long ago. Yet it could not possibly be *that* hedgehog. That hedgehog had come to a Bad End. At least, it had looked like that.

'Wossup? Cat got yer tongue?' the stranger demanded.

'I don't believe it!' said Oggy, for he had almost made up his mind that he must believe it. 'I saw them pick you up and put you in a bag. And the crow said they'd eat you.'

'Wotcher on about?' the other grunted suspiciously. 'Oo are yer anyway?'

Then Oggy was sure.

'I'm Oggy,' he said. 'And your name's Hodge, isn't it? met you when I was coming here last year. We travelled together for a bit, then you got caught by some men, and I thought you'd come to a Bad End.'

'Oggy?' said the other hedgehog, then he opened his eyes wider. 'Oggy! I remember you now. Looking for some bunch of yumans, wasn't yer?'

'I found them too,' said Oggy proudly. 'They live in this house.'

'Get away!' said Hodge.

Oggy had the feeling that he did not believe it, but he ignored the suspicion.

'How did you get away from the men?' he asked.

Hodge scratched himself and swaggered a little.

''Ow did I get away from them gyppos? Nothin' to it,' he said. 'Just chewed a hole in their mouldy old sack and dropped out.' He squinted at Oggy. 'But what happened to you? What are you doing these days, young feller?'

'I live here too,' Oggy said.

'Oh yes, I remember. Always did fancy hanging around yumans, didn't you?' said Hodge with a hint of contempt in his voice. 'Well anyway, come on up to the plate and have a bit of grub for old times' sake.'

He turned back to the plate, but shuffled aside to make room for Oggy, who was too taken aback by the impudence of inviting him to eat his own food to make any kind of retort. In his astonishment he simply accepted it and started to eat.

Later, of course, he thought of a dozen clever, cutting things that he ought to have said, and was very cross with himself for not having thought of them at the time. He remembered with irritation that Hodge had always been able to make him do what he wanted, just by taking it for granted that he would. His only consolation was the thought that Hodge never stayed in one place for more than a couple of nights, so at least it would not be necessary to put up with him for long.

It seemed at first that Hodge's stay was to be even shorter than Oggy expected, for he was not around the next night or for several nights after, but then he turned up again, once again driving all the other hedgehogs except Oggy away from the food and stuffing himself with enough to satisfy three normal appetites. After that he appeared almost every night, so that Oggy concluded that he must be staying in the district. He still talked a great deal about the fine, independent life of the Gentleman of the Road, as he had in the days when Oggy had travelled with him, and was still scornful of the dullness of staying for long in one place, but when Oggy asked him how long he would be staying there, he became evasive. Oggy was uneasy.

He might have grown uneasy enough to start thinking of how he could persuade Hodge to move on, had it not been very plain that Tiggy detested the other hedgehog. With some misguided idea of loyalty to his own species, Oggy tried to pretend that Hodge was not really all that bad, and they bickered regularly over the question of Hodge's character, Tiggy saying that he was rude and greedy, Oggy maintaining that he was merely blunt and outspoken, until in the end he had almost convinced himself that this was true. All the same, he took care not to meet Hodge if he could help it, and went even earlier to the back door, for Hodge often slept late. This continued for some time, until an evening came when Oggy found that for once Hodge was at the plates before him.

He was in a talkative mood.

'Not lookin' for that young cat, are yer?' he said, as Oggy glanced towards the flower pots before settling down to eat.

'Well, she's usually here about this time,' Oggy said cautiously.

'She was 'ere when I arrived,' Hodge told him offhandedly. 'But the girl come and called her. 'Spect they had something special for 'er. Cream or something.'

Oggy's mouth watered at the thought, and the bread and milk suddenly seemed less appetizing than it had a minute before.

'Could be,' he muttered, pushing his nose into the plate.

'That's a cushy life them indoor animals lead,' Hodge went on in a casual conversational manner. 'Marvellous the way yumans lay on a big spread for anything they think they own.'

'They feed us,' Oggy pointed out.

'Maybe,' said Hodge grudgingly. 'But only because they call us *their* 'edgehogs, and then it's nothing like what they does for the animals what lives in the house with them. They wouldn't run after you the way they do with that silly cat, would they?'

'That's just because she's young and hasn't got a mother,' Oggy said uneasily. Hodge's remarks were making him feel uncomfortable, but he did not know why.

'Did anyone look after you when you was young?' Hodge demanded.

'They gave me food,' Oggy said.

'And then went off and left you by yerself in London,' Hodge said scornfully. 'That was nice of 'em, wasn't it?'

'They knew I'd come in my own time,' Oggy protested. He tried to put on a bit of swagger. 'I'm not a *pet*, see? They like an independent animal.'

Hodge shook his head pityingly.

'You don't think they really like you, do yer?' He glanced at Oggy cunningly. 'They don't really like any of us. Look at the way they pick that cat up and stroke 'er. You can't imagine 'em ever doing that to you, can yer?'

'That doesn't mean they don't like us,' said Oggy desperately. 'I mean, we've got prickles. And why would they feed us, if they didn't really like us?'

'Oh dear,' said Hodge. 'Oh my word, you're still *very* trusting, aren't yer?' He shook his head again. 'It's because – well, you know – they think you're funny.'

'Funny?' Oggy exclaimed aghast.

'Oh, I'm not saying you are really,' said Hodge hastily, but he squinted sideways at Oggy with a glint of satisfaction in his eye. 'You know what yumans are like – laugh at anything.'

'And they laugh at *me*, do they?' Oggy cried, swelling with indignation.

'Well I might 'a' been wrong,' Hodge said. 'I suppose they might have been crowdin' up to the window there and grinnin' about somethin' else . . .' He moved away, snuffling the ground as if he were pretending to follow a snail in order to hide his embarrassment.

'When was that?' Oggy snapped.

'I could 'a' been mistaken,' said Hodge evasively, and would say no more, but trundled off along the path beside the house, muttering and shaking his head.

Oggy's evening had been ruined. He went back to the plate, but even as he was about to continue his meal, a shadow

crossed the light coming from the kitchen window. He peered up short-sightedly. There was no one there, but the thought of grinning faces at the window, all laughing at him, made it impossible for him to stay longer.

'Laugh do they?' he growled. 'I'll show 'em.'

He pushed his nose under the edge of the plate and tipped it right over, then stumped away in a black rage.

By the next night Oggy's anger had simmered down a good

deal. He was a cautious animal, and something at the back of his mind told him that he had better not accept Hodge's word without question. He would find out what the Family really thought of him from Tiggy. Unless she was stuffing herself with cream again, he thought resentfully, quite forgetting that the cream had been no more than Hodge's suggestion.

This time the kitten was sitting in her usual place among the plants, and Hodge was nowhere to be seen.

'Hallo,' said Oggy shortly. 'No cream tonight?'

'Prrish!' Tiggy exclaimed in disgust. 'You can't expect it every day. You've got the rind off the pork chops this time.'

Oggy frowned. He did not quite understand her remark. She was right about the pork rind, however, so he sorted that out before indulging in any further conversation.

'So,' he said at last, licking his lips noisily. 'Where did you get to last night? Or did you have so much cream you had to sleep it off?'

'*I* didn't get any cream at all,' Tiggy said tartly. 'That's for *some other people* it seems. I don't choose to stay to be insulted, that's all.'

Oggy looked at her curiously. She appeared to be considerably ruffled about something, and he had never before seen her standing on her dignity in such a thoroughly cat-like fashion.

'Who's insulted you?' he asked, and then he thought he understood. 'You don't mean old Hodge, do you? There's nothing wrong with him. He just speaks his mind, that's all. You always know where you are with old Hodge.'

'Is that so?' said Tiggy narrowing her eyes. 'You can rely on Hodge to tell the truth, can you?'

' 'Course you can,' Oggy said rashly. 'None of your house-bred, smarmy, snigger-behind-your-paw double talking from old Hodge.' He found that he suddenly felt quite affectionate towards the other hedgehog. He had completely forgotten all he knew about Hodge's bad character and unpleasant habits, and was seeing only Hodge the individualist, the outspoken friend who would not let a fellow be taken in by a lot of two-faced humans and their pampered pets.

Tiggy crouched down and fluffed herself up. She looked fat and offended.

'So you think I can believe what "Old Hodge" says, do you?'

A warning rang faintly in Oggy's head, but before he could

work out the meaning of it, the kitten continued in the same stiff tone.

'I must say, it's nice to know who your friends are – particularly when you're just *a silly cat who doesn't know anything*,' she said. 'Even *a half-witted moggy* likes to know what people really think of her.' She sniffed indignantly.

'I don't know what's got into you,' Oggy said. 'But I agree it's a good thing to know what people really think of you. I mean, when they pretend to like you, but really laugh at you behind your back—'

'So you admit it?' Tiggy squeaked, sitting bolt upright. 'Of all the beastly cheek! Well see if I care. I'll stay indoors in future. They're my *real* friends.' She stood up and stalked to the door with all the dignity she could summon up.

'Aha! Yes!' Oggy cried. 'They make a great fuss of you, don't they? They pick you up and stroke you.'

Tiggy paused with one forepaw on the ledge of her flap.

'You know they do,' she said, looking puzzled. 'What about it?'

'You're their dear little kitty, aren't you?' Oggy went on, working himself into a dancing fury. 'They feed you in a nice warm kitchen, don't they? And what else do they do for their little pettikins?'

'If you really must know,' said the kitten looking down her nose at him, 'they play with me with string and feathers and a little woolly ball. And they let me sit on their laps in front of the fire.' She turned away disdainfully and climbed through the flap, but no sooner had the tip of her tail disappeared, than the flap bounced again and her nose poked out once more. 'And when no one's looking, *Jane lets me sleep on her bed*!' she called defiantly.

'Ya! Namby-pamby-fluffy-chops!' Oggy shouted after her. Then he turned the plate over again and went off muttering resentfully.

It was as plain as the nose on your face that everything Hodge had said was true. No one picked *him* up and stroked him. No one gave him things to play with, or sat him on their lap, or let him sleep on their own bed. That was the sort of treatment humans kept for their pets, the animals they really liked. As far as they were concerned, a hedgehog was just a figure of fun.

10 The Top Hedgehog

The more Oggy brooded over the differences between the way the Family treated him and the way they treated Tiggy, the more clearly he saw that he had been fooling himself. He had thought himself so important to them, but they were probably just as interested in any of the other hedgehogs that came round for food. He had thought himself so clever, teaching the kitten everything he knew, but he had been too stupid to realize that the People thought he was funny. Then there were all the things Tiggy talked about that he did not understand: she probably knew more than he did anyway, just by listening to the Family. There was no doubt about it, he had made a thorough fool of himself by hanging round these humans, but he would not be doing it any more. He did not go to the back door the next night.

All the same it was not very long before his resolution began to waver. He would not go back to the house he had once been so proud to call His, but as he lurked indecisively in the shadows of one of the other gardens where food was frequently supplied, he wondered if there might not be *some* humans who took hedgehogs seriously. It was so convenient to be able to get the first meal of the night without any trouble, he thought wistfully. Suddenly his appetite made up his mind for him, and he darted across to the plate he could see glimmering palely on the grass, only to find when he reached it that it had been licked clean already.

'Some animals don't know what dignity means!' he

growled, kicking the plate peevishly. 'Come trotting round for a few scraps, no matter how silly they make themselves look. Catch me hanging round houses again!'

But his stomach rumbled and his mouth watered at the smell of cheese rind that still lingered round the plate.

Oggy stuck to his resolution to stay away from houses for three nights, but on the fourth he scrambled out of his bed to find Tiggy waiting for him. The minute he poked his head out, she sat up straight.

'Ah,' she said. 'How do you do?'

Oggy was so surprised to hear her get it right, that he simply stared back open-mouthed.

'It's very fine, this evening,' the kitten continued. 'I think we are going to have a prolonged spell of warm weather.' It sounded as if she had rehearsed carefully all day.

'All right,' said Oggy suspiciously. 'What's it all about?'

'I was only saying hallo,' Tiggy said, opening her eyes wide. 'I haven't seen you for ages. I was wondering If you'd gone away.'

'As a matter of fact, I've been thinking of doing just that,' Oggy said, quite untruthfully, because the idea had not occurred to him until that very moment.

At once Tiggy looked anxious.

'But you won't go for long, will you?' she said. 'Just for a holiday or two?'

Any other time Oggy would have scoffed loudly over the kitten's mistake in thinking that 'holiday' was a measurement of time, when it was quite obviously a place, but he was so determined to show that he was finished with humans and their pets, that he barely noticed it.

'If I go, I shall go for good,' he said. 'Now if you don't mind, I've got to find my supper. Goodbye.'

He turned his back on Tiggy and shambled along the hedge, but she followed, squeaking in protest.

'Your supper's outside the door,' she told him. 'It's been there every night. I tried to stop the others eating it, but they didn't take any notice of me. That big lout had nearly all of it. He'll have it again if you don't come—'

'Look,' said Oggy, turning his head. 'Anyone can have what they like for all I care. I'm not making an exhibition of myself just for a plate of scraps. Goodbye.'

He would have carried on, but Tiggy skipped round in front of him.

'Why are you being horrid?' she demanded. 'Why don't you come to the house any more? Why were you nasty about Our People?'

'*Your* People,' Oggy corrected her. 'And you can keep them! I don't need them, and I don't need you either.' He side-stepped to get round the kitten, found himself right on the edge of the garden pond, and so changed direction to go up the garden instead of across it. 'I know what you all think of me now,' he added over his shoulder. 'Just a dirty, stupid, vulgar hedgehog: silly hedgehog who thought he knew everything – trotting round telling you this and that – giving himself airs. I know you've been laughing at me behind my back.'

'Oooooo!' Tiggy cried in astonishment and dismay. 'I never. I thought you were my friend!'

'Save your breath,' Oggy snapped. 'I'm nobody and I don't know nothing. And I don't care. I'm just a funny animal that's got no business in a nice clean house. I know my place now, see?'

'Aaaaargh!' said a voice near at hand. 'We should all know our place.'

Oggy jumped and then rounded on the kitten.

'Why, you saucy little fur-bag!' he exclaimed, but then he saw that Tiggy herself was staring amazed into the pond, and following her gaze he found himself looking into a pair of goggling yellow eyes.

The frog swam unhurriedly to the edge of the pond and flopped out.

'Yes,' he said in a damp, ingratiating voice. 'High and low, rich and poor, animal, vegetable and mineral, we all have our place in this wonderful world, and ought to keep to it.' He closed his eyes and looked pious.

'Oh yes,' said Oggy glaring at him. 'And where's your place, swamp-hopper?'

The frog sighed contentedly. He opened his eyes and looked at them.

'Aaaah, I have been most fortunate. *I* was house-bred, you see. I hatched out in a jam jar in that very house you see at the end of this very garden. My childhood was passed in a charming aquarium, and when I was full-grown, I was given this commodious pool. *But*—' he smiled at them complacently. 'Even if I had been raised in a puddle, I should still have *known my place*.'

Tiggy sat staring at the frog in fascination, but Oggy was furious.

'Another beastly smug house animal!' he shouted. 'I've had enough of the lot of you!'

'Envy is the curse of modern society,' said the frog sententiously. 'There are far too many people these days who would like to deny everyone those advantages they have not themselves enjoyed. "The rich man in his castle, the poor man at his gate" – that is how things are – you must accept it or the whole fabric of society will be undermined. (It's a song, you know, what they teach human children, so it must be true.)'

Oggy was nearly beside himself. It was bad enough to be laughed at by humans and pestered by a silly kitten, but to be preached at by a frog, who appeared to regard himself as a pillar of the establishment, because he lived in a back garden pond, was the last straw.

'Now look here, frog,' he said warningly. 'If you croak so much as another word, I'll thump you.'

'Violence is not the answer, my young friend,' said the frog nervously, edging back towards the pond, but before he could escape Oggy seized him by the scruff of his green neck and shook him fiercely.

'Arp! Arp! Arp!' the frog croaked in terror.

'Shurrup!' Oggy mumbled, thumping the frog against one of the big stones of the rockery.

Tiggy sat down behind him, threw back her head, closed her eyes and wailed pitifully.

'Oooooh, My Friend!' she howled. 'My friend doesn't want me any more! Oooooh!'

'Arp! Arp! Arp!' cried the frog more faintly.

'Shurrupp!' said Oggy.

'Oooooooooooh!' Tiggy yelled.

Once they had settled down to the rhythm of it, there seemed to be no good reason why they should not go on like this until they ran out of breath: Oggy walloping the frog, the frog croaking, and Tiggy sitting on the sideline shrieking dismally. Right in the middle of it all, however, they were interrupted. For the second time that evening, Oggy was startled to hear himself addressed by a disembodied voice, this time the deepest he had ever heard.

'Paaarrrdon me, urrrchin,' it said.

Tiggy stopped wailing and Oggy swung round with the frog dangling limply from his mouth, to see who had spoken. An enormous toad was squeezing himself out of a surprisingly narrow gap between two of the rockery stones.

'Farr be it from me to come between any animal and his dinner,' said the toad, subsiding at last in a comfortable squat. 'But I gather the impression that you do not in fact intend to eat my lowly relative, and I am consequently curious to know why you are beating the living daylights out of him. Aaaaarrr?'

Oggy suddenly felt a little foolish. He opened his mouth to reply, and the frog fell to the ground in a gasping heap.

'He was talking tripe,' Oggy explained feebly.

'Aaaarrr, verry trrying,' said the toad. He blinked quickly and his dark eyes seemed to twinkle, but his face remained expressionless. 'And you were hoping to knock some sense into him, I suppose? Prrrobaably a waste of time, I fear.' He cast a glance at Oggy's victim, who croaked resentfully and shuffled out of the hedgehog's reach.

'Er, it wasn't that exactly,' said Oggy. 'I just wanted to make him shut up.'

'I see,' said the toad. 'It must have been most perrrnicious tripe.'

'It was because he talked about the house,' whispered Tiggy, who had crawled up to the rockery on her tummy, and was staring at the toad as if hypnotized.

'It wasn't only that,' Oggy said irritably, and before he knew what he was doing, he was telling the toad all about the People, and educating Tiggy, and what Hodge had said about them laughing at him.

When Oggy had finished his story, the toad squatted for several minutes in a profound, reflective silence, which neither hedgehog nor kitten dared to break (the frog had slipped away as soon as he saw that no one was taking any notice of him). At last he blinked a couple of times and looked at each of them in turn.

'And I expect Hodge also told Tiggy that Oggy had laughed at *her*,' he said.

'That's right!' said Tiggy sitting up in surprise. 'Did you hear him?'

'I didn't need to,' said the toad. 'The thing is as clear as day.' He turned to Oggy. 'Would I be right in assuming that Hodge is the large hedgehog I've seen about lately?'

'He *is* very large,' Oggy agreed. 'Larger than any of the others.'

'But not larger than you,' said the toad. Oggy stared at him. 'Oh yes,' he went on. 'And it follows from that. Your Hodge has decided that he wants this garden and the free food all to himself, but unfortunately for him there is already a resident hedgehog here as big and strong as he is. He has therefore resorted to guile. The other hedgehogs he has driven away by force, but you he thought to trick, by stirring up a quarrel between you and the young cat, and persuading you that the humans mocked you.'

'Ooh, wicked!' Tiggy exclaimed, glancing at Oggy to see if he were convinced.

'Huh! That makes me even more stupid, doesn't it?' said

Oggy. 'To be taken in by an animal like that, when I always knew he was a crook.' He glared at Tiggy, who had done nothing to deserve it. 'Anyway, he was right about them not liking me as much as *her*.'

'Was he?' the toad asked, blinking rapidly. 'You think they don't really like you, because they don't take you indoors, and pick you up, and stroke you? But think: they don't pick their dog up, because he's too big, just as they don't pick you up, because you're too prickly, but I suppose you take it for granted that they like *him*. Then there's the pony the girl rides: she seems to be very fond of that, yet it never goes in the house. Nor are the white mice allowed to sleep on anyone's bed, I should guess.' (Tiggy nodded energetically at this.) 'No,' the toad continued. 'Foolish as my aquatic relation is, he was right in saying that we each have a different place in the scheme of things. His great mistake was to suppose that there was any question of higher or lower, better or worse. The simple fact is that we are all *different*, no more than that, and so each of us lives a different life. You cannot live like a cat, any more than I can live like a dog, but that doesn't mean you are worse off or less well liked. People of sense (and even some humans) will like you for what you are.'

'Oh. Yes,' said Oggy. 'I suppose I *have* been pretty stupid.' He looked sheepishly at the toad, hoping he would disagree.

'Possibly,' said the toad. He blinked again, this time quivering slightly as well, and Oggy wondered if this was his way of laughing. 'But I'm inclined to think that real stupidity consists not in making mistakes, but in failing to learn from them.' He began to back round slowly to face the rockery. 'Now I suggest you go and asserrrt your rights as top hedgehog,' he added as he eased himself carefully back into his hole.

Oggy and Tiggy watched in respectful silence, until the

round, warty behind and fat legs had disappeared. It was a comical sight really, but neither of them felt any inclination to laugh. Then Tiggy jumped up, as if she had suddenly thought of something. She ran out on to the lawn, craning her neck to see the back door, and came back to Oggy in great excitement.

'He's there!' she hissed. 'He's eating. All by himself. Gobbling!' She ran out on the lawn again, but then hesitated and looked back.

Oggy took a deep breath. He had no doubt as to who was there, nor what was expected of him.

'The resourceful hedgehog,' he muttered to himself. 'The intrepid hedgehog. The Top Hedgehog!' He scowled and trundled out after Tiggy like a small, spiny tank.

Tiggy allowed him to overtake her and followed on tiptoe. As they came to the edge of the lawn, Oggy slowed down, but at that moment they saw another smaller hedgehog approach the plate. Hodge raised his head and glared at the newcomer, then hustled him away until he curled up in a defensive ball. Hodge shoved him under the rosemary bush and went back to gorging himself.

Without allowing himself another moment for reflection, Oggy charged up yelling:

'Gerrout!'

It was not the most dignified approach, and his voice squeaked slightly, but Hodge was considerably startled.

'What!' he exclaimed, jerking his nose out of the plate. ''Oo—?' His spines stood up and he glared ferociously, but then, much to Oggy's surprise, his tone changed. 'Why, it's young Oggy! Fancy that. I thought you'd 'ad enough of this place. What was that you were saying?'

'I said get out,' said Oggy, greatly encouraged. 'It's *you* that's had enough – more than enough, by the look of it.'

'Oh, come on,' Hodge wheedled. 'There's plenty for everyone, ain't there?'

Oggy swelled with rage.

'I know there is, but you wanted it all yourself, didn't you?' he growled. 'Thought you could kick everyone else out. Well try kicking me!' He lumbered forward in an aggressive rush.

'All right. If that's what yer want, come on!' snarled Hodge. For a moment he too lowered his head and raised his

spines, but as Oggy bore down on him his snort of fury changed to an uneasy snoring. He wavered, then his nerve broke and he turned and made off into the darkness as fast as his legs would carry him.

Oggy stared in amazement.

'What did I do?' he said.

'Oooo! It's true!' squeaked Tiggy, running up to him. 'What the baggy animal said – you *are* bigger'n him! He was frightened. You blew yourself up at him, and he was frightened and ran away!' All her fur was standing on end with excitement, and she ran round him several times saying: 'Eeek! Whoosh! Wow! He ran away!'

'For goodness' sake sit down,' Oggy said plaintively. 'You're making me giddy.'

Tiggy sat down at once, looking at him with bright expectant eyes, and Oggy felt uncomfortable. Something was expected of him, but he was not sure what. Then he remembered the hedgehog under the bush.

'Ahem! You can come out now and eat, if you like,' he called.

The other came out cautiously. He ran a few steps towards the plate, stopped, ran a few steps away and stopped again.

'May I?' he said uncertainly.

'Help yourself,' Oggy told him.

'That's very decent of you,' the other murmured, and before you could say 'bread and milk' he had his nose in the plate. When he had finished he ducked his head politely to Oggy, who responded with a gracious nod, and left.

Oggy watched him complacently out of sight, and then shuffled to the plate for his own share. The plate was empty. For three seconds he was speechless with indignation, but then he snorted ruefully.

'Looks like beetles again,' he said. He glanced at Tiggy. 'You coming?'

'Ooooh, yesss!' said the kitten.

As they moved off into the shadowy garden, Oggy began to think about his responsibilities as Top Hedgehog.

'Have to work out a rota so that everyone gets a fair chance at the plate,' he muttered. 'Then we ought to sort out things like slugging – so that all the vegetable gardens get done regularly . . .'

The toad had planted in his mind the splendid idea that everything in the world was of use, and that his part was to see that humans and hedgehogs in particular were useful to each other. It was an important job . . . Then a sharp little warning jabbed his mind like a pinprick: he must remember not to puff himself up with conceit again, he must not pretend that he knew all about everything.

'Humans is humans, cats is cats, and hedgehogs is hedgehogs,' he murmured. 'Different, but just as good.'

'Oh yes!' said Tiggy eagerly. 'We don't have to be like each other, but we're all friends, aren't we?'

'That's right,' said Oggy.

Tiggy stopped and looked anxious.

'Oggy, if we're all friends again, does that mean you won't go away,' she asked.

'Go away? Of course I'm not going away,' Oggy said. But then another thought crossed his mind. It was very nice to be Top Hedgehog, but meeting Hodge again had reminded him that he had quite enjoyed travelling, and driving Hodge away had made him feel bold and enterprising. 'At least, I wouldn't go away for long,' he added thoughtfully. 'But I might go to the Holiday some time. Yes,' he said with knowing confidence. 'I'd like to take a look at the Holiday.'

Mally Cox-Chapman
Baggywrinkle 60p

A story to prove there is still magic left in the world – Baggywrinkle is the name of a wooden carving of a boy, made by the old Beachcomber, which comes to life, but sadly is blind. To gain his sight, Baggywrinkle goes on a magic quest to the River of See-Through Things. In company with the Beachcomber and Timbuctoo (the talking bird) Baggy's adventure leads to giant spiders, smugglers, and the Mad Tycoon . . .

Thomas Rockwell
How to Eat Fried Worms 60p

Billy takes up the bet and launches upon a nightmare feed – munching away bravely to win that fifty dollars. Creamed worms, fried worms, boiled worms, worms with peanut butter or horseradish sauce – he can eat them any way he likes, just as long as he eats them! When it looks like Billy's winning the bet, Alan and Joe have to try and stop him – or he'll walk off with their fifty dollars!